人性的弱点

刘长江　主编

黑龙江美术出版社

图书在版编目(CIP)数据

人性的弱点 / 刘长江主编. — 哈尔滨 : 黑龙江美术出版社, 2016.4
(戴尔·卡耐基励志人生书系)
ISBN 978-7-5318-8027-1

Ⅰ. ①人… Ⅱ. ①刘… Ⅲ. ①心理交往-通俗读物
Ⅳ. ①C912.1-49

中国版本图书馆 CIP 数据核字(2016)第 081759 号

书　　名/ 人性的弱点
renxing de ruodian
主　　编/ 刘长江
责任编辑/ 吕希萌
出版发行/ 黑龙江美术出版社
地　　址/ 哈尔滨市道里区安定街 225 号
邮政编码/ 150016
发行电话/ (0451)84270524
网　　址/ www.hljmscbs.com
经　　销/ 全国新华书店
印　　刷/ 永清县晔盛亚胶印有限公司
开　　本/ 880mm×1168mm　1/32
印　　张/ 6
版　　次/ 2016 年 4 月第 1 版
印　　次/ 2019 年 8 月第 4 次印刷
书　　号/ ISBN 978-7-5318-8027-1
定　　价/ 19.80 元

前言

戴尔·卡耐基是美国的“成人教育之父”，被誉为20世纪最伟大的心灵导师和成功学大师。他从20世纪初就开始讲授他的成人训练课程，开创了美国的成人教育运动。即使是在21世纪的今天，他的成功哲学与处世技巧对年轻人来说仍是一个永恒的人生课题。美国第35任总统约翰·肯尼迪曾给予这样的评价：“由卡耐基开创并倡导的个人成功学，已经成为这个时代有志青年迈向成功的阶梯。通过他的传播和教导，无数人明白了积极心态的意义，并由此改变了命运。卡耐基留给我们的不仅仅是几本书和一所学校，其真正价值在于他把个人成功的技巧传授给了每一个想出人头地的年轻人。”

卡耐基的著作庞杂，经过精心梳理，我们将其汇编为《戴尔·卡耐基励志人生书系》，包括《沟通的艺术》《人性的弱点》《人性的优点》《美好的人生》《快乐的人生》《语言的突破》六个分册。本书系收录的这些作品凝聚了卡耐基所有的智慧和实践经验，从许多人通过奋斗获得成功的故事出发，对演讲、推销、为人处世、智能开发和个性发展心理学进行了精辟独到的讲解，是卡耐基的思想精华，是作者最成功的励志经典。

《沟通的艺术》是一本关于改善人际关系及为人处世艺术的经典之作。它对于开阔我们的视野、改善我们的人际关系，特别是克服封闭式的人性弱点，将有非常宝贵的启示和借鉴作用。

《人性的弱点》讲做人要平和、真诚，唯一目的就是帮助你解决你所面临的最大问题：如何在你的日常生活、商务活动与社会交往中与人打交道，并有效地影响他人；如何击败人类的生存之敌——忧虑，以创造一种幸福美好的人生。

《人性的优点》运用心理学知识，对人类共有的心理特点进行了深入探索和分析，指导人们在日常生活、社会生活、商务活动中如何与人交往，如何战胜忧虑等负面心理，做自己情绪的主人，创造幸福美好的人生。

《美好的人生》是一本告诉你人生如何才能变得美好和幸福的生活哲学书，包括赢得友谊的思想方法、改变他人却不伤感情的方法、让家庭生活充满欢乐的法则等。作者用有趣而通俗的语言，系统、详细地阐述了自己和读者一起争取美好人生的快乐。

《快乐的人生》教人们怎样用智慧经营人生。卡耐基以简单明了的道理结合生动真实的具体事例，向读者介绍了如何培养平安快乐的心理、如何免受批评的忧虑、如何把握工作和金钱，快乐生活的真实故事。

《语言的突破》是一本受推崇的“口才指南”。作者旨在努力教导一般人克服无能的感觉，学会如何讲话、如何为人处世。不论从事何种工作的人，如果能按照本书介绍的技巧去做，都能获得非常大的效果。

成功其实如此简单，只要你遵循卡耐基先生这些简单适用的人际标准，你就能获得成功。本书系教给我们一些处世的基本原则和生存之道，这是我们每个人都应该学习的人生必修课。

目　　录

第一章　成功有效的人际交往

第二章　如何使你更受欢迎

第三章　如何完善你自己

第四章　如何更好地说服他人

第五章　面对批评的巧妙应用

第六章　合理安排自己的工作

第七章　为你的生活增添光彩

第一章　成功有效的人际交往

第一节　友善而热情地对待他人

太阳的温暖使人们脱去厚重的外衣，风的冷酷却使人裹衣取暖。同样，友善、亲切、真诚的态度，会使人抛弃成见。

记得很小的时候曾经读过的一则寓言，说的是有关风和太阳的故事。

一天，太阳与风争论谁最强悍，风为自己辩解道：“那肯定是我了，不信咱们就看看谁能更快地让下面那位穿外套的老人脱下外套。”

于是，太阳躲到乌云后面，让风肆意地吹起，风凶猛地吹着，越来越猛烈。可是，事实却和它想的正好相反，反而是风越大，那老人将衣服裹得越紧。

终于，风停止了咆哮，它吹得筋疲力尽也没有达到目的。于是，太阳从乌云后面露出头来，温暖地照在老人身上，老人不久就开始擦汗，很自然、轻易地将大衣脱了下来。太阳对风说：“温和友善是必定会强于愤怒与暴力的。”

这个古老而又寓意深刻的寓言到现在还仍然适用。太阳比风更能够使老人脱下外衣，也可以证明太阳的温和能使人们更乐意脱去厚重的外套，而风的冷酷反而使人们更加裹紧衣服。同样的，以友善亲切热情的态度对待他人，更能改变一个人的心态，从而抛弃本来的意愿。

1915 年，美国发生了历史上最激烈的美国工人大罢工，持续时间达两年之久。当时，小勒克菲勒还是一个不知名的小人物，他正在负责科罗拉多州的钢铁公司，那时的工人们都愤怒地要求加工资，常常因大规模的工人罢工而造成流血事件。作为管理者的小勒克菲勒运用自己的方式赢得了工人们的好感。

小勒克菲勒像对待朋友一样对待矿工们，并且真诚地关心他们的生活，多次发表演说，并和矿工们成了好朋友，从而使矿工们备受感动。

他在矿工中间做了一次意味深长、感人至深的演讲：

“我最亲密的伙伴们，今天是我一生中最值得纪念的一天，我头一次在这么大的场合中演讲，很高兴你们能让我有幸在这里和公司的各个部门的员工见面，给我机会讲话。上周开始，我和南区矿场的部分矿工代表谈了很多，并且拜访了诸位的家庭，我想我们应该是老朋友了，基于这份深厚的友谊，我很高兴能和大家一同为着我们的共同目标和利益去努力。”

这次演讲达到了惊人的效果。可以讲是相当有感染力和亲和力的，并且达到了所预期的目的。可是，若是当时小勒克菲勒用责骂来完成那次演说的话，结果可能就是更加愤怒的暴动了。

对于商人来说，面对愤怒的罢工者表示一种友善、真诚的态度是多么的重要呀！

林肯在一百多年前就曾经说过类似的道理。他说：当一个人心中充满怨恨、郁郁寡欢时，你根本不可能再让他按照你的意愿做事，听你的指挥。那些喜欢责备自己孩子的父母，斥责下属的上级，以及总是唠唠叨叨的家庭主妇们，都应该注意了，你们应该看清这点：强迫别人接受你的观点根本就是行不通的，你应该用一种友善的、温和的方法去对待他们，只有这样，才能使他人更舒服地认同你。

的确，只有友善地说出你的观点，才能达到最好的效果。

又如林肯的这句话："一滴蜜汁远比一加仑的胆汁更能招引蜜蜂。"如果你想让一个人认同你的观点，你就应该先和他成为知己，然后友善而真诚地说服他，以便更好地达到你的目的。

美国第28任总统威尔逊曾经说过：如果你满怀怒气，紧握拳头来找我，那我的拳头会握得更紧。但是，如果你能来到我们这里坐下来和我真诚地交换观点，看看造成此事的原因何在，那么，我们不久就会感到我们之间的意见分歧并没有想象中的大。共同点也会随之增加。所以，很多时候只要我们互有诚意，真心地想针对问题办事，态度诚恳而友善，我们之间就没有什么不可能解决的了，这会使我们走得更好的。

让我们再举一个例子吧，这是关于一位很有声望的女士开办宴会的故事。女主人公是一位叫黛勒的知名女士。她说：

我最近要举行一次意义重大的宴会，我希望这次联欢会能达到它预期的效果。当然，这和宴会组织者的工作能力是息息相关的。

通常情况下，我总是让麦斯餐厅的安米其来帮我打理宴会的一切事宜。在多次聚会中，安米其是我的得力助手。总是能将宴会弄得完美至极。但是，这次他却让我大失所望。整个宴会简直是糟透了。这次宴会的菜根本就是一团糟，而安米其也没有亲自招待，而是让一位没有经验的服务生来帮忙。这位服务生根本就不懂得这种高级的聚会该怎样筹办与接待客人。所以，一晚上下来，整个宴会很没水准，让我失望。我尽力的去赔笑，热情地接待完最后一批客人，但心里却恨不得马上见到安米其，然后狠狠地痛骂他一顿。

在宴会结束后的一天，我应邀参加一个演讲会。其中一个关于人类关系学的讲座让我听后感悟颇深。我觉得也许不该去责备安米其，再批评他又有什么意义呢？如果他不接受我的看法，反而会使他更加愤怒。以至将来再合作都困难了。

于是，我便站在他的立场上，公平的想着那天晚宴的事。其实，我根本不该怪安米其的。那天的食物并不是他亲自监督准备的，而是那个没有经验的服务生负责的，安米其没有亲自指挥并服务。也许是他自己真的有事情才没能来；也许是他不得已的。所以，我根本没有理由和权利来责骂安米其呀！于是我决定，再见他时，对他客气点。我要让我们之间不存在不快。

过了几天，我和安米其见了面，他神色愤愤的，好像要把心中的怒气一吐为快。我看着他不快的样子，微笑着对他说："我亲爱的朋友，你知道吗？那次宴会上，我是多么期待你能出现呀！如果上次你在场的话，那次宴会一定会办得相当成功的。我知道你没能来肯定有自己的原因，我真的感到相当的遗憾。"

安米其的愤怒顿时烟消云散，他非常恳切地对我说："黛勒太太，我真的很抱歉上次没能为您帮上忙，上回宴会的失误，我真的很抱歉。"

我看了看安米其缓和的脸，接着说："我下周还要举行一个规模比较大的宴会，希望能得到你的帮助，你同意吗?"

安米其非常激动地回答说："我当然愿意为您效劳，我会尽我最大努力将这次宴会安排好，请您放心吧。"

一周后，宴会如期举行，安米其替我处理好一切宴会所需的事情，包括菜单的拟订、餐厅的布置等细节，我十分满意，并付给了他全数的小费。

在宴会开始后，安米其十分殷勤地为每一位客人服务，客人们十分满意与开心。

整个宴会布置得相当华丽讲究，鲜花簇拥着整个大厅，香气四溢，令人陶醉，菜肴更是让客人胃口大开，主菜相当受欢迎，让每一位客人都尽兴而归。

散席后，我的一位贵宾很吃惊地问我："你究竟是用了什么方法使你的那位主持如此用心，我今天真的很开心。"

的确如此，黛勒太太用诚恳与友善获得了他人的好感，并取得了整个宴会的成功。

记住林肯的那句话吧："一滴蜜汁要远比一加仑的胆汁更能吸引蜜蜂。"当你要别人认同你的观点时，记住一定要先诚恳友善地对待他人。

第二节　不因小事与别人争论不休

你必须知道，当人们逆着自己的意见，被别人说服时，他仍会坚持自己是正确的。

有些时候，如果我们认为一件事是对的，我们就会永远相信他的正确性。如果有人对我们的看法有了质疑，我们就会很反感，想尽方法去辩护。

在二战结束不久，我在伦敦得到了一个极大的教训，它使我终生难忘。当时，我是曾在巴勒斯坦担任过飞行顾问的史密斯的个人助理。他在担任航空顾问时，就因环球绕地球半圈仅用了 30 天而名声大噪。与此同时，他也获得了澳洲政府奖给他的 5 万元先令和英国皇室的爵士称号。史密斯在英国的受欢迎程度不亚于王室，他成了英国被谈论最多的知名人物。

在一次欢迎史密斯爵士的晚宴中，有一位坐在我旁边的客人讲了一段有趣的故事，并且引用了一句名句："无论我们如何粗俗，有一位神就是我们的目的。"讲完后，他强调说这句名言是出自于《圣经》。但是，我知道这句话并不是来自于《圣经》，我敢保证，他说错了。因此，为了证明我的观点正确，我派了一位同事上前指明了他的错误。并告知他那句话真正的出处是莎士比亚的作品，那位客人听了之后大为不满，并且坚决认为自己的话没有错，坚持他自己的看法。

话题这样僵持着，此时，我左边座位正好坐着我的老师贾蒙。他正好是研究莎士比亚作品的专家。于是，我们把这个话题决定权交给了他。贾蒙先生一直在听着我们的讨论。他很平静地看着大家。但他却先在桌下用脚轻轻地踢了我一下，我有些诧异，但还是虚心地把他的话听了下去，贾蒙先生说道："这句话是出自《圣经》，这位先生的引用是正确的。"

宴会结束后，我顺道和贾蒙先生同行，我很疑惑地问贾蒙："我确信你知道那句话是出自于莎士比亚的作品呀！可为何要说我的观点错误呢？"

贾蒙见我疑惑的样子，笑了笑说："你说得确实没有错，那是莎士比亚作品中的话语，并且他的出处是《哈姆雷特》

第五幕的第二场，可能在座来宾也知道的。但是，在那么盛大的一个宴会中，批评一个客人的错误是多么不明智的尴尬举动呀！再说他又不愿意听你的意见，那你为什么与他争辩啊？要永远避免正面的冲突。”

“永远避免正面的冲突”，这句话将永远成为我人生中的警句，铭记在心。在此之前，我曾是个极爱与人争论、固执至极的倔强的辩护者。从小我就喜欢和朋友们争论，上了大学后，我是辩论赛的常客，研究过辩论术，并且在纽约还为人传授过辩论课程。还计划将我在辩论方面的心得编撰成书。这些事情，到现在回想真是无聊极了。

其实，在辩论赛中，无论是输是赢，结果都是一样的，即便你赢了，可事实上，你却失败了，你在赢的同时指责了对方观点的错误、漏洞百出。但也严重伤害了对方的自尊。

所以，与别人争论不休是极不明智的举动。它会使你陷入更无助孤单的境地。

要知道，人类的思想并不是通过争论、辩解就可以改变的。有时候，你强压别人的意见时，所得的结果会使对方更加坚持自己的观点，反而使他的抵触情绪更为强烈。

同样的道理也适合用于推销员身上。

多年前，我遇到过一位爱尔兰的学员，他在工作中遇到麻烦而报名参加我的训练班，通过几天的相处，我看出他是一个极度固执的人，曾经做过司机的他，现任工作是重型汽车的推销员，但他工作成绩很差，一个月都很难卖出一辆汽车。于是我叫他把他平时推销时的方法给我说一说，通过他的简短叙述，我就抓到了他工作中的错误所在。他在推销汽车给客户时，一旦客人说一点儿这辆车的缺点，他就大为不满，非要证明客户是错的，而且不能听一点儿批评，在叙述完他的销售方法后还补充道："我真不明白，为什么那些不懂车的人被我指正他们说法不对后，都不买我的汽车了呢？"

听完他的叙述，我向他讲了那次宴会的事，并将"永远避免与人正面冲突"这句话送给了他。教他一定要避免与客户的争论。现在，我的这位学员已经将推销工作做到了极至，受到了公司的一致好评。

"如果总是反对、争辩，你也许会胜利，但这种胜利永远是短暂的，没有意义的，因为你永远也得不到对方的肯定及好感。"记住富兰克林的话吧，一定没错的。

在问题面前，我们永远不可能达到统一。所以，固执的争辩是很没意义的，反而会使问题更严重化。

不同的意见是你避免重大错误的好机会。在争论时，我们不妨换种想法，为反对者关心你的事情而真诚地感谢他们。任何肯花时间表达不同意见的人，必然和你一样对同一件事关注。我们不妨换个角度，把他们当作要帮助你的人，也许这是一次把反对者转换为好朋友的好机会。

在现实生活中，我们不妨让我们的朋友、亲人、顾客在小事上胜过我们，这会使大家都很快乐。

拿破仑的管家在家常与约瑟芬打台球。他曾经在《拿破仑的私人生活回忆录》中说："尽管我的球艺不错，但每次打球时我却尽可能让她赢我，这样会让她很高兴。"

林肯曾经说过："要想有大作为，就不要在小事上与他人斤斤计较，失去自制。在冲突的事情上，不妨谦让对方一下，这样做有百利而无一害。"这就像与狗争路，就会被狗咬伤，还不如给它让路。否则，即便把这只狗打死，也不会让伤口愈合的。

所以，我们要尽可能避免与他人争论不休。

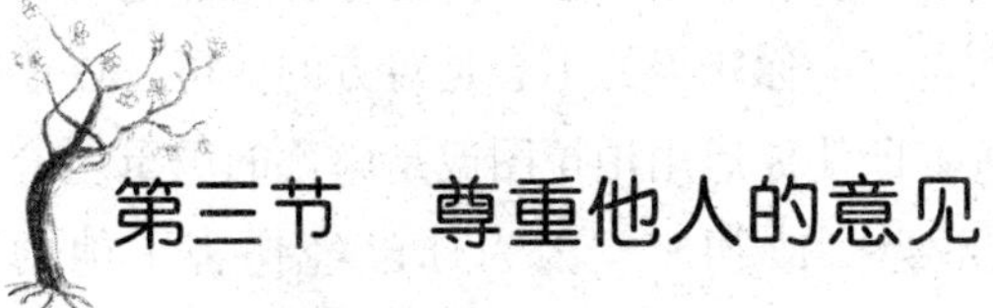

第三节 尊重他人的意见

诗人吉普曾说："当你在教训别人时，要装作若无其事一样，要自然而然地把事情提出来，不要让人记起。"

著名科学家伽利略也说："你永远不能教别人知识，你做的只是帮他去发现。"

查斯爵士告诫他的儿子："你要比别人聪明，但不要让别人知道。"

古希腊哲学家苏格拉底对自己的门徒说："我唯一知道的就是我什么也不知道。"

当然，我们不可能比苏格拉底更聪明了。所以，在指出别人的错误时，我们不妨尊重一下他人的意见。

罗斯福在当总统时坦然地承认，如果他有75%的判断是正确的，那么，做任何事都能达到最好。

作为名人的罗斯福，最高判断也只有75%，而作为普通人的我们又如何呢?

按最好的情况说，如果你确定你的最高判断力为55%，那你就相当棒了，也许你现在正在华尔街，每天就有上万元钞票流入你的口袋。但是很多时候，我们根本不能肯定我们的判断力能达到55%这个标准，那我们又凭什么去指责别人的错误呢?

很多时候，我们正在用神态、语言、动作去指责别人的错误，你以为别人会没有反应，欣然接受吗？那你就错了，对方非但不会认同你的观点，反而会很抵触。因为你打击了他的判断力、智力以及他的自尊。你所得的不会是对方的认可，往往是对方的反击和抵抗。即使你运用柏拉图或是康德的逻辑理论予以反驳，对方也不会一改初衷，因为你已经伤害了他的自尊。

一定要避免跟别人说："我会证明给你看的。"这样说，无非要显示你的聪明，你比别人强，这就像是个挑战，让对方感到十分的反感，不再需要多说些什么，对方已经开始接受你的挑战了。这不是弄巧成拙，给自己添麻烦吗？

当你认为有些人的意见不对，你的确肯定了他的错，你最好可以这样说："哦，等等，我也有别的想法，但不知道是否正确，如果有不对的地方，希望你们能及时地纠正我。让我们一起来看看这件事。"这不是很好吗？既可以给对方一个提示，又不至于伤了和气，尊重对方，何乐而不为？

我有一个叫哈洛·雷恩克的学员在处理顾客纠纷时也用了先尊敬后说服的方法，他是道奇汽车在蒙大拿州的代理商。雷恩克做报告时指出，由于现在汽车市场竞争激烈，所以在处理顾客投诉案件时，我们常常是漠不关心，不予理睬，这样可能会导致生意做不成，甚至影响公司的声誉。

他对班里的其他学员说："后来我想明白了，这样确实是无济于事、毫无意义的，于是我改变了做事的方式，我是这样对我的顾客说的：'我们公司存在某些不足，我深表歉意，请你把你所遇到的情况告诉我，好吗？'这种方法明显能消除顾客的忧虑和反感，当他们情绪放松了，也就好讲话了。许多顾客对我能理解他们的态度表示赞成和谢意，有两个顾客还推荐他们的朋友来买车。在这种激烈竞争的市场，我们是很需要这种顾客的，而且我相信只要尊重顾客的意见，对顾客彬彬有礼，理解体谅他们，我们就会在竞争中处于不败之地。”

你不会因为认错而带来麻烦，唯有如此才能和解是非，也唯有尊重他们的意见，事情才会办得左右逢源，得心应手。

心理学家罗杰士曾在他的书中有这样的论述：如果认真地听取他人的意见，了解他人的想法，你会受益匪浅。也许你会问，我们真的需要花时间去了解别人的意愿吗？答案应该是肯定的。通常情况下，我们在听了别人的观点后，首先是评价、质疑他的观点，而并不是去认真了解其中的意图。当有人向我们阐述他的观点时，我们往往会说：“嗯，这很正确”，“我不同意你的说法”“这样做很不明智”等评价，却很少有人真正用心去体会说话人所说的内容的真正意图所在。

在人与人的相处之中，有很多我们所要学习的东西。《富兰克林传》中有我们所要学习的关于尊重他人意见的例子。

在富兰克林年轻的时候，有一天，一位与他相处多年的老教友给他上了人生中的重要一课。

“你太不应该这样做了！”老教友愤愤地说，“在教会，你总是打击别人的意见，只要有的人观点与你不和，你就去反驳别人，这样下去，没有任何人会再理会你的意见，他们有时会觉得你不在场会更加舒服。你总是自以为是，导致别人都要疏远你，再这样下去，你除了现在所知道的有限的知识外，就不会有更大的进步了。”

富兰克林回到家中，深刻地反省了自己生平的行为，他有足够的思维去领悟那位老教友对他的劝诫，于是他领悟到，如果再不痛改前非，后果将不堪设想。因此，他决定将过去的那种不适当的做法完全改掉。

在此后的时间里，富兰克林尽力克服自己的缺点，替自己制订了一系列的规章，尽可能不让自己与别人产生分歧，不武断地肯定自己的观点，尽可能体会、尊重他人的观点和意见。没过多久，他就融合到大家的讨论中来了。当然，有不同意见时，他会很谦虚的提出自己的见解，很少有反对的。

“在过去的50年中，我一句武断的话都没有说出口，每次我谦虚地提出一项建议时，都得到人们的热烈支持。”富兰克林就是这样成为一位伟人的。

有人曾经问过著名的黑人解放运动领袖马丁·路德·金，为何身为黑人领袖的他却重用一位白人来作为他的重要将领，金回答说：“我是以集体的原则去判断他人，而非我个人的原则。”

记住，在与你的朋友、亲人及客户在意见上有不合时，不要轻易与他们对立，要用巧妙的方法先尊敬后说服。所以，对别人的意见我们要表示尊重，切忌反驳。

第四节　让他人有发言权

哲学家罗西法说：“如果你想要得到仇人，你就处处胜过你的朋友，可如果你要获得友谊，那就得让你的朋友胜过你。”

每个人都十分重视自己，并且喜欢谈论和自己有关的事，即便是你的好朋友也是如此。

他们都不喜欢听你一味地诉说自己的事，唠唠叨叨得没完没了。

很多人为了使别人同意他们的观点，总是费尽口舌，其实这是得不偿失的，因为话说多了，既浪费精力，又有可能说得稍不留意，伤害到别人，或者引起别人某些不满的情绪，而且还无法从别人身上学到更多的东西，当然，问题不在于别人的吝啬，而是他不给别人说话的机会，也就是不给别人发言权。

尽量让对方有多说话的机会，也许他会在某些方面比你懂得多。所以，尽可能地向对方提问吧，让对方告诉你想不到的东西。

当然，在某些时候，如果你不太赞同别人的看法，想打断他，并要急于阐明自己的看法，那我劝你最好不要那样做。当他人有好多观点要向你阐述时，他往往是不会在乎你的想法的。所以，此时你最好是沉默，听他讲完，而且是要用心诚恳地听下去，直到他把想要表达的东西完全表达完为止。

这是一种很有价值的方法，我来举个例子吧。

几年前，美国最大的一家汽车公司在接洽采购一年中所需要的坐垫布。有三家有名的厂家都做好了样品，并送到汽车公司去检验，该公司的高级职员负责检验完后，就发通知给各个厂家，让他们派代表来做最后一次竞争。

其中有一厂家的代表伦勃先生来到了汽车公司，不幸的是，他刚患了严重的咽喉炎。“那天我参加高级职员的会议时，”伦勃先生在我的班上讲叙了他的经历，“我的嗓子已经完全哑了，连声音都发不出来，我被带到办公室，和纺织工程师、采购经理、推销主任和公司总理洽谈，当我想站起来说话时，我却只能发出沙哑的声音。

我们是围桌而坐的，我不得不写在纸上解释：‘诸位，非常抱歉，我嗓子哑了，说不出话了’。”

“那好吧，我替你讲吧。”汽车公司总经理说。之后，他就替我说话了，他首先把我的产品展示给大家看，并不断地称赞产品的优点，在座的人都颇有兴趣地讨论起来，那位经理始终在替我说话，我只是做一下示意的手势或微笑点头而已。

令我意外和兴奋地是，我得到了那笔合同，汽车公司跟我订了五十万码的座垫布，总价值为160万美元，这可是我有史以来做得最大的一份定货单啊。

要不是我嗓子哑了，我很可能签不到那份合同，因为我对整个过程的考虑还有欠缺。通过这次经历，我发现，让他人说话有时候很有价值。

事实上，即使是朋友，也宁愿对我们谈论他们自己的成就，而不愿意总听我们吹嘘自己的成就。

当几位朋友聚在一起谈话时，如果只有一个人口若悬河滔滔不绝地长谈，而其他人只是待在那里听着，这就不算谈话，其实每一个人都有自己的发表欲。小学生听到老师提出一个问题时，大家都会争先恐后地举起手来，希望老师能叫他回答。即使他对这个问题还是一知半解，不甚了解，他还是要举起手来跃跃欲试。成人们听着人家讲话时，虽然没有小学生那样积极踊跃，但他的喉头老是痒痒的，恨不得对方快点讲完，好让他来发表一下自己的观点。

你阻碍别人的发表欲，很容易引起他人的反感，从而不会得到别人的赞同和同情。所以要给别人发言权，还得要设法引起别人的话题，让人家觉得你是一位让人喜欢的朋友，这对你是有百利而无一害的。如果你甘愿人家疏远你，暗地里遭受白眼，那你只需自己多讲话，不要给别人发言权，可现实生活中你是不愿意这样干的，你不愿意别人老是避开你或对你有反感。所以你要改变你的态度，你应该学会沉默，让他人有发言权。

著名记者麦克逊说：“不善于倾听，这是不受欢迎的原因之一。一般的人，他们只注意自己应该怎样地说，而不管人家。须知世界上多半是欢迎专听人说话的人，很少欢迎专爱说自己话的人。”这几句是确确实实的。

让我们谦虚地对待身边的人和事吧，鼓励别人说出自己想说的，而不是总是自己一个人说个不停。每个人都希望被尊重、关心和重视，我们为什么不牺牲一下自己，让别人得到更多的快乐呢？相信如果你那样做了，自己也会感到十分快乐的。

所以，在与人相处时，一定要尽量让对方有说话的机会，给对方以发言权。

第五节　不要把自己的观点强加于别人

你对于自己亲自发现的思想，是不是比别人用银盘子盛着交到你手上的那些思想更有信心呢？如果是这样，那么，假如你要把自己的意见硬塞进别人的喉咙里，岂不是太差劲儿了吗？如果你能提出意见，让别人自己去得出结论，那样不是更聪明吗？

没有人喜欢推销或是被人强迫着做某件事情。我们大多数人都喜欢按照自己的意愿做事，但我们却喜欢别人征求我们的意见。

在这里，我说一个我讲习班中一位叫塞兹的学员的亲身经历。在他的公司里，职员都十分的散漫，缺少热忱的干劲儿，于是，他决定召开一次公司大会，以便激励大家的工作斗志。

在大会中，塞兹鼓励他的下属们说出对公司有什么希望与要求，然后把这些希望写在黑板上，并真诚地向大家承诺公司会尽力满足大家的需要。紧接着，他又提出了一个问题，就是问大家知道公司对职员最大的期望是什么吗。而他自己回答得既快又迅速："忠实、诚实、进取、乐观、团结，每天热忱饱满地工作8小时。"大家在这次开诚布公的研讨后都精神大振，干劲儿十足。甚至有一位职员还自愿提出每天工作14个小时，这次会议达到了前所未有的效果。员工们都很重视那次会议，并将干劲儿用到了本职工作中。后来，听塞兹说，他的公司现在盈利相当高，销售量上升得十分可观。

塞兹的成功在于他认真听取员工们自身的感触，并且没有死板地将自己的观点强加于那些职员们，而是和他们巧妙地进行交换：只要他们遵守公司的法规，他们便会获得自己的利益。塞兹征求他们所需要的就是重视他们的最好方法，这等于给他们吃了定心丸。

所以，在有些问题上，我们切忌不要把自己的观点强加于别人。如果你这样做了，你会发现做事会轻松容易得多。

一位X光机器推销商准备把他的机器卖给一家大医院。正好那家医院的X光科正在扩建，准备建成全美最好的X光科室。由此，那家医院X光科的主治医师布朗受到X光机推销商的包围。这些推销商一见布朗大夫就疯狂地推销自己的X光机，还夸它的性能有多么优越。布朗整天都要躲避这些自以为是的推销商的困扰。

在那时，有一位聪明的推销商给布朗先生写了一封真诚的信，这可是与别的推销商不同的一种推销手段。信的内容是这样的：

尊敬的布朗医师，我们公司最近新生产了一套X光机设备。我刚看到它们，对它们并不十分了解，也许它们并不完善，所以，我想能将其改进得完美。我深知您在 X 光机运用方面有很高的资质。我真诚地希望您在工作之余，能抽空看看我们的机器，并提出宝贵意见，最终达到它的最优良的性能，以便更好地为医学事业服务，我会深表感激的。由于您工作繁忙，可能会对您的生活有影响，我们会在任何您需要的时候派专车接送您。再次向您表示感谢。

布朗在向我们叙述完这封信的内容后说："我收到那封真诚的邀请信后，感到很欣慰，我感到受到了极大的恭维。从来没有哪位推销商会用这种方式来面对我，这让我感到既舒服又满足。之前的那些经销商根本就不会这样虚心请教，他们只会吹嘘自己的产品有多先进。那个星期尽管我每天都很忙，我还是抽了一个晚上的时间去看他们公司的机器。当我认真使用了那部 X 光机后，我感到那台机器使用起来相当地顺手。于是我便接受了它，并把它们都定购过来。"

"在这中间，并没有什么人刻意说服我购买那款 X 光机，完全是我认为很实用而自愿购买它的。我觉得为医院购买下这套 X 光机，完全是我自己的原因。"布朗深切而坚定地说道。

位于长岛的一位汽车推销商利用同样的技巧，也成功地把一辆二手汽车卖给了客户。起初，这位商人推销的并不顺利，他一次次地带着那位客户看了很多辆车子，但是好像没有一辆能使他满意。不是嫌价格过高，就是样式不够新颖，于是，这位推销商来到我的训练班，向我们征求意见。

在听完他的苦恼后，我们给了他一个良好的忠告，劝告他不要再用推销的办法了，而是引导那个人自己主动购买。尽量让他认为那主意是他自己的。也就是说换一种思维，让他人变成主导。

这位推销商听取了我们的建议。当有一位顾客要求将自己的旧车换购一辆新车时，推销商便采用了我们的方法。他很清楚，之前的那位挑剔的顾客很喜欢这款车子，于是，便打电话给他，问他能否帮他在这款车子上帮忙，提一点建议。

那位挑剔的顾客很快赶来了。推销商笑了笑，对他说："朋友，你对这部车子懂得比我要多，你帮我看看他到底值多少钱，性能方面如何，我会很感激你的。"

那位客户满脸满足地对推销商说："终于有人能真正懂我了，我可是对这类型的车子研究颇深，我很喜欢它的外形和发动机，让我开着它跑跑，看看是不是优等品！"说完，他就开着车子绕市区跑了一圈。回来后，他真诚地告诉我说："这部车子各方面都很不错，你能以300元买下就算相当划算了。"

我此时心里有了底，并猜透他有意购买，于是问道："如果我能以这个价钱卖了它的话，你是不是愿意买呢？"没等我说完，那位顾客就兴奋地回答："300元吗？太好了，我当然愿意，就这样成交吧！"

就这样，一笔不错的生意做成了，这都是顾客自愿买下的。所以，尽可能做到让别人觉得办法是他们自己想出来的，所得的结果就会如你所愿。

不管他人做什么，让他人自己去做去想，不要老是以自我为中心，把自己的意见强压给他人，给他人一种自重感，他就会主动和你合作。

如果你想使人信服，就应当做到别将自己的意愿强压给他人，尽可能地征求别人的意见。

第六节　激发他人高尚动机

在生活中，每个人做事都有两个理由：一是看起来很好；一是确实很好。我们每个人都是理想主义者，喜欢为自己所做的事情找个好听的理由。因此，我们若是想要改变他人，就要挑起他高贵的动机。

我们看看法瑞的例子吧。

法瑞有一个房客十分挑剔，他向法瑞提出要搬家。但是，他的租约还有4个月才到期，这位房客仍坚定地要搬走，根本不理会房约问题。

法瑞先生十分为难，因为这个人是在一年中消费最多的冬季入住的，要是现在搬走的话，秋季之前要把房租出去是很困难的。也许他会因此损失很大。

他很想直接向那位房客阐明自己的不满。然后叫他付清所有的房租后再走，这样既解了怒气，又没有太大的损失。但是他没有顺着自己的性子痛快地这样做。他试探性地向那位房客问道："先生，我不会相信您就这样搬出去，您的处事方法不会这样选择的。我相信您不是个出尔反尔的人，您一定是有什么不得已的原因才会这样选择的。也许搬出去并不是您的本意。我希望您再考虑几天，如果您还是执意要搬走，我会尊重您的选择。但是，我相信您是个遵守诺言的人。凭我从事租赁业多年的看人经验，您一定会住到租赁期满的。毕竟，我们是人，而不是没有思想的动物——选择权会在我们自己手里。"

结果到了下个月，那位房客交了租金并告诉法瑞，他和他太太商谈后的结果是决定留下来，住到租期满为止。

的确，当面对一些我们不如意的事时，激发他人的高尚动机会是相当不错的方法。

超市中，琳琅满目的食品会使顾客眼花缭乱，当顾客挑选商品质量的同时，商品的价格也是最值得关注的。

史密特经营的一家超市就是一家生意兴隆的便利店。

最近，他的超市新招聘了雇员后，他发现总有一些顾客在交费时对商品的价格有所疑异，抱怨不断。于是，史密特询问了收银员，收银员回答说："最近，有好多顾客都提出不满，他们看到商品标价与电脑所显示的标价不相符，也许是商品标价员有问题。"

的确如收银员所说，经史密特核实，有许多商品标价都出现了错误，于是，他找来这位新雇佣的女标价员，和她谈了一次话，警告她以后不要再犯这方面的差错。

但是，事情并没有有所改变，那位标价员不知是怎么的，总也集中不了精神，商品的标价还是出现错误，没一点改观。史密特又一次找到她，语重心长地对她说："你的工作的确很辛苦，我能看到你工作相当卖力。标价的错误率也很低。我考虑了一下，决定让你做全店的标价监督员。来督促标价的准确率。"这次，年轻的标价员怀着轻松的心态走出了办公室。她决定一改过去马虎的态度，真正用心去面对自己的本职工作。不再让商品的标价出现任何错误。

从那天起，当有新货品上市时，都能看到一位年轻的标价员仔细认真的核实标价，而且她还很用心地将商品的位置摆放合理。不让顾客拿混货物而造成不便。从此，那位女标价员改变了从前漫不经心的工作态度，更加认真负责地面对工作了。

在激发他人高尚动机的同时，我们也达到了自己所要达到的目的。

有一次，诺德看到一家报纸刊登了一张他不想刊登的照片，于是便写信给编辑说："请不要再刊登我那张照片好吗?因为我的母亲不喜欢那张照片。"多么巧妙的一封信呀！诺德并没有直截了当地说："请不要刊登那张照片，我不喜欢那样。"而是相当含蓄地用他对母亲的尊重来提出这个请求，你想想，他这么说，那个编辑能不为此感动而遵照他的意思吗?

洛克菲勒也遇到过这样的问题，他不希望报社的摄影记者拍摄他孩子的照片，但是他并不是强硬地阻止，而是也用一种巧妙的方法挑起对方的高贵动机。他激发了我们都不愿伤害小孩子的那种心理，对记者们说："你们家中也有这么大的小孩子吧，我想你们都了解小孩子，你们都知道作为小孩子，让他们太出风头，对他们的成长是相当不利的，希望你们能多加理解。"

其实，我们很难找到一个放之四海皆有效的法则，任何事情都会有一些例外，经验告诉我们，如果你希望人们接受你的要求，那么就尽可能地激发他人的高尚动机吧！这远比抱怨、责备带来的结果好得多。

第二章 如何使你更受欢迎

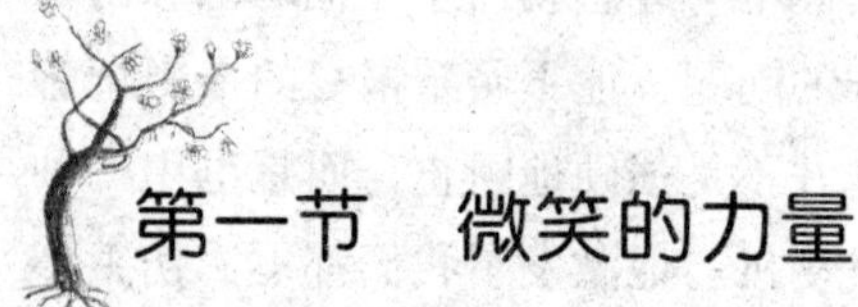

第一节 微笑的力量

一张愉悦的笑脸，洋溢着好意与关心，它能展现出你内心中最真诚的情感。这会使接触到它的人立刻受到感染。微笑可以带来快乐，温馨可以带来关怀。真诚柔和的笑容会像天使一样给人类带来幸福。尽可能将你内心中真挚的情感用微笑来传播给你身边的每个人吧！这会使你受益匪浅。

这是一则听起来有点夸张的故事。但是这的确是真实发生的事。是微笑将一个濒临破产的公司拯救了过来，提升了公司员工的积极主动性。

事情发生在美国钢铁与国家蒸馏厂中的一家子公司中。在一段时间内，这家公司的生产根本赶不上进度，达不到标准。所以效益一直不好，甚至阻碍了公司的发展。

此时，正好是吉姆出任该公司的总裁，平时大家都称他为老吉。吉姆年轻时，曾经做过足球运动员，他深知在球场上团队合作精神的重要性。相同道理，作为一家大公司也是同样的。要想使公司更好地发展，就必须调动每个员工的积极性，使他们工作起来更有热情。所以，吉姆冥思苦想了多时，终于有了灵感。

究竟吉姆想的什么样的绝招呢？其实，方法简单而又行之有效，那就是运用微笑。随后，吉姆便开始了他的微笑行动，他在工厂的每个角落都贴上醒目的标语："我们中的每位朋友，如果你看到他人没有笑，那你就冲他笑。"并且署名为"吉姆"。与此同时，公司的标志也彻底地大换一次，全部换上了微笑的笑脸。商品、信纸、办公用品、厂房标志都被微笑所覆盖着。看似简单的笑脸标志，对员工们其实起到了很好的暗示作用，它提醒大家随时保持一种良好的心态。在工作中拥有轻松愉快的好心情，这可是对提高员工们的工作效率起着很重要的作用。

老吉平时还以身作则，微笑着面对每一位公司员工。他经常下到车间和他们打成一片，主动热情地打招呼，用开心的笑话缓解工人们的工作压力。在工作之余，他还经常组织员工们聚餐、郊游，和他们谈心。毫不夸张地说，公司2000多名员工的名字甚至昵称，老吉都十分清楚。他用这种微笑的工作方式真诚地打动了每位员工的心，把热情、欢乐传播给了大家。这是公司发展的动力所在。

吉姆的努力终于换来了成功。几年来，他并未多投资一分钱，可他的公司的经营状况大为改观，效益有了很大的进步。这全要归结于微笑的力量呀！

是的，我们活在世上，就应该微笑多于伤感。我们要强迫自己微笑，如果你单独一个人，可以用哼歌看报来打发时间，这可以使你快乐。

哈佛大学教授詹姆士说过："行动好像是随着感觉走的。

但其实不然，行动是与感觉同行的。我们会让直接受意志去支配的行动有规律，也可以使不直接接受意志制约的感觉有规律。”

所以，若我们失掉了快乐，那就重新回到可以获得快乐的途径，那就让我们把欢乐的坐标激活，好像快乐已经存在了一样。

世界上每个人都在寻求快乐，可是有一种方法最行之有效，那就是控制你自己的思想，那就是快乐并不在外界，而是在你的心中。

经常听到有人抱怨自己：“我为什么不能微笑地面对人生呢?”其实就像詹姆士所说：“如果你想做一个快乐的人，只要你有决心，能很好地控制自己的情绪，你就肯定能做得到。”

玛丽是一个公司的职员，整日在办公室做着相同的工作。办公室只有她一个人，一旦工作停下来，就会感到相当的无聊与寂寞。有些时候，当她听到隔壁办公室中传出同事间亲切交谈的话语和阵阵温馨的笑声时，总是非常羡慕。可是，她每次经过同事们的办公区时都羞于同大家打招呼，连她自己都觉得十分无奈。

时间一长，玛丽觉得她必须改变自己现在的处事方法，于是她对自己说：“你不要再这样孤独的活着了，既然别人没有和你打招呼，那么你就试着和别人打招呼，微笑着面对大家。”于是，内向的玛丽每次上班前都这样激励自己，然后到公司见到同事后，都先给对方一个柔和的微笑，再亲切地问声好。同事们也都同样友好的给予回应。

从此，玛丽再不用生活在孤独寂寞中了，她积极主动的微笑为她赢得了同事们的好感。她扫去往日的愁容，浑身上下充满了朝气和活力。她和每一位同事都相处得很好，并且和好几位志同道合的同事成为了好朋友。在气氛和谐的环境中，玛丽的工作效率也大为提高。从此，她的生活、事业都十分的充实与快乐！

正如玛丽的故事一样，如果你希望别人高兴见到你，你就必须高兴去见别人。

威廉是美国著名的职业棒球运动员，他在40岁时退役，转行做了推销员，尽管他做推销员的时间不长，专业知识也不太丰富，但他现在却是美国推销人寿保险的高手了。他成功的秘诀不是别的，正是他那张真诚的、令人无法抗拒的笑脸。

刚入行时，威廉并不顺利，尽管在面试时他对主考官说自己可以利用一些知名度来帮助自己。但主考官对他说："做一名有水平的推销员只有知名度是不够的，最重要的一点你却没有具备。"威廉谦虚地问："我哪一点没有达到您所需要的条件呢?"主考官对他说："一张迷人的笑脸是一名推销员最基本的条件，但你显然还没有具备。很抱歉，我们不能录用你。"

威廉没有因此而打消做一名推销员的愿望。他每天在镜子面前苦练笑容，每天都笑好几百次，以至于邻居们都以为他因为没有找到工作而发了疯。为了为不影响邻居们，威廉每次都躲到卫生间，关上门继续练习着迷人的笑容。

在认为自己的笑容已达到标准后，威廉又一次来到了那家公司面试。主考官又一次没有将他录取，理由是他的笑容还是没有真诚到迷倒顾客的地步。威廉失落地回到家中，鼓起干劲儿接着练习。他搜集了大量明星微笑的照片，贴在屋子的每个角落，然后随时随地的模仿练习。

又过了一段时间，威廉再次来面试，主考官对他的评价是，笑容是有了，但还是不够吸引人，威廉又一次的被拒绝了。但他没有气馁，继续练习着微笑。

有一天，威廉散步时和一位朋友微笑着打招呼，朋友惊奇的对他说："你怎么笑的和以前不太一样了呢？好有吸引力呀！听了朋友的话后，威廉顿时信心大增，忙跑去那家公司，对主考官会心的一笑，这一笑使主考官也受到了感染，他对威廉说："你已经做的不错了，我们所要的就是这样发自内心的笑容。"

威廉最后终于被录用了，他明白了微笑的真正含义，那就是不仅是要表情上微笑，而且还要笑得发自内心。从此，威廉凭着用心的笑脸成为了知名的推销大师。

行为胜于言论，对别人友好的微笑就好像向他证明："我很高兴见到你，你使我开心快乐，我喜欢你。"

所以，如果你要得到他人的好感，不妨给予他真诚的微笑。

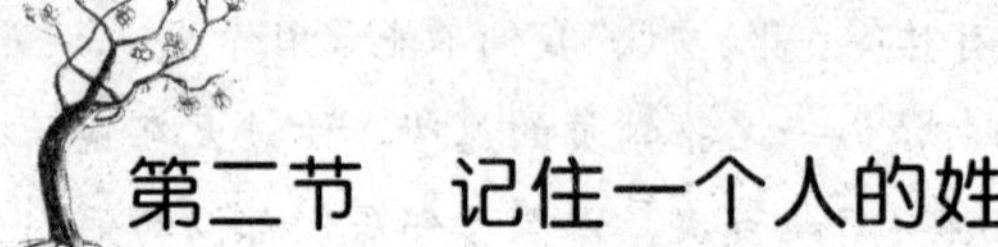

第二节　记住一个人的姓名

现实生活中，一种最简单、最明显、最重要的获得好感的办法，就是尽可能地记住他人的姓名，这会使他人感觉自己对于别人是多么的重要。

那是在1898年，发生在纽约洛克雷村的一桩悲剧。那里有个小孩儿去世，出葬的那天，村里的人都准备去送殡。汇阿雷也是送殡行列中的一个，他去马棚里拉出一匹马来，那时正值寒冬，地上积了一层厚厚的雪。那匹马关在马棚里已经好多天了，它来到外面，高兴非凡，身体打转玩着，两条马腿腾空跃起，汇阿雷一不小心，被马活活踢死了。所以洛克雷村就在那一个星期里，举行了两桩葬礼。

汇阿雷去世，留给他妻子和三个孩子的，仅是几百元的保险金。由于家庭的原因，他的大儿子吉姆在10岁时就辍学，到一家砖厂做了童工。年幼的他每天要做的工作是将沙子倒进砖模，然后再将砖搬到太阳底下晒干，吉姆一干就是好几年，这之间从来没有进过学校学习知识。但是，他却有一种吸引人好感的能力，那就是一种记住他人姓名的才能。这使他后来成为了全国委员会主席、美国邮政局局长。虽然他受到的教育不多，但是有四家学院争先授予他荣誉称号。

吉姆起初转行为一家石膏公司做产品推销，他惊人的能力也是从那时学会的。一开始方法很简单，每结识一名客户，他都认真记下他的全名，家庭成员以及他的职业和信仰。再到第二次见面时，哪怕相隔一年之久，他都会很清晰地说出那人的姓名及职业，然后很熟悉的和他谈谈家常。

再后来，吉姆有幸为罗斯福工作，那时罗斯福正在为竞选总统紧张地忙碌着。作为秘书的吉姆每天都要写上百封信件给全国各地的人们。然后跳上列车，在19天内乘坐各种交通工具，经历20多个州，行程1.2万里，他每到一个城镇，都跟认识的人吃早餐或午餐。跟他们进行一番亲切的交谈，随后又奔赴下一个城镇。他一回到华盛顿，就马上把每一个和他谈过话的名单整理出来，给他们分别发送私人信函。他总是在信的开头写上“亲爱的本”或“尊敬的路易”，结尾总是签上“你的吉姆。”

一次，我访问吉姆，问他成功的秘决是什么？起初，他说是工作的卖力。我则说是他能够喊出一万个人的名字。

“不，你错了。”他说：“我可以叫出五万个人的名字。”

我想，正是他的这种能力，才使他成功帮助罗斯福入住白宫。

记住姓名的能力，在事业上、交际上和政治上是同样重要的。

法国皇帝拿破仑三世公务繁忙，但即便如此，仍能够清楚地喊出每个人的名字，他常常以此引以为荣。其实他记姓名的方法很简单，如果他没听清对方的姓名，他就会说：“对不起，我没听清你的姓名，请再说一遍好吗?”如果对方名字的拼写很复杂，他就会说：“很抱歉，能告诉我怎么拼写吗?”所以，在谈话的时间内，他会重复记忆别人的名字很多遍，努力将他的姓名与外貌特征联系在一起。

如果对方是个重要人物，拿破仑三世会进一步采取措施。只要旁边没人时，他便把那个人的名字写在一张纸上，反复琢磨，直到把名字牢牢记住。这样一来，他眼睛看到的印象，就跟他耳朵听到的一样了。

拿破仑三世凭着这种方式，记住了很多人的名字，一旦再次见到对方，他便会亲切地喊出那个人的名字，让对方惊喜不已。

美国著名的人际关系学者麦肯一生结交了政界、新闻界、企业界等大量知名人物，但是也许很少有人知道麦肯的职业是什么，他原来就是一个卖信封的。

麦肯的成功可以说源于他父亲的一句话：“假如你希望成功，那么，从现在开始就要关心你身边的每个人。”麦肯自此以后，就认真记下他所认识的每一个人的姓名，并且了解他们的详细情况。到了那个人生日时，就主动寄贺卡予以庆祝。

后来，麦肯自己设计了一个 66 个完整的问题体系，包括姓名、年龄、生日、星座、血型、性别、爱好、生平经历、工作及家庭成员等等，这个系统被人们称之为麦凯66档案系统。

在总结经验时，麦肯毫无保留地说：“真诚地对待每个人，要记住他们的名字。”

多数人不记得他人的姓名，只因为他们没有下功夫或精力把姓名记住，而且总喜欢找借口说：“那太费事了，我没时间。”

很多时候，我们被介绍给一位陌生人谈几分钟，走后就根本记不起那人的姓名了。这是很不好的习惯。所有事情都要费些功夫去做，就像爱默生说的：“好礼貌是由小的牺牲换来的。”

所以，当我们熟记一个人的姓名时，你做事就会变得更加可行。

第三节　学会投其所好

如果你想使人喜欢你，或者想让他人对你产生兴趣，那你必须注意的一点就是谈论他人感兴趣的问题，学会投其所好。

应酬学中有一条很重要的原则：先要满足他人的需求，从而进一步达到自己的需要。可是在现实中，很少有人能做到。

在生活中，人们总是把“我”挂在嘴边。当做了一些值得自豪的事情后，人们永远关心自己胜过他人。没想一下如果你想成功地与人合作，除了学会倾听之外，最重要的是谈对方感兴趣的话题，即所谓的投其所好。

当然，这种方法与拍马屁并不相同。我们所说的投其所好是用真诚的态度，用心去与别人交流。

鲍勃是一家电器公司的推销员，他对此观点深信不疑。

周末的一天，他在宾西法尼亚的一个荷兰农民区做考察。当他走过这些农户时，发现他们都不爱用电。于是便问身边的一位地区代表究竟是怎么回事。代表很不以为然地说："他们不愿意买我们的任何东西，个个都像守财奴一样。即使我们再怎么做他们的工作都无动于衷。"

鲍勃听完后，决定自己亲自试试看。于是，他走到附近的一家农户门前，轻轻叩响了大门。没一会儿，门开了个小缝，一位年老的妇人将头探了出来，但当她看到敲门人时，立刻就把门关上了。他没有放弃，再次叩响了她的大门，这位太太很不情愿地打开门，并直言不讳地说了她对推销公司的看法。说完后，她很不满地看着他们，眼光中充满了疑惑。

鲍勃于是耐心地对她说："亲爱的太太，十分抱歉我打扰了您的休息，我并不是要来给您推销电气的，我只是想向您买些鸡蛋而已。您的鸡是多敏尼克鸡吧?"

"你是怎么知道他们的品种的?"这位太太探出身来，好奇地问。

"我自己也养鸡呀！可是没有您养得那么好。"鲍勃回答说。

"那你为什么不吃你自己的鸡下的蛋呢?"那位太太又问。

鲍勃回答说："我养的鸡只下白蛋，而我太太很喜欢烹饪蛋糕，做蛋糕时白鸡蛋可没有棕鸡蛋来的漂亮。"

此时，这位太太已经从院子里走了出来，门也打开了，态度也随之温和了好多。鲍勃顺便看到了她的院子里的那座很大的牛奶棚。

于是鲍勃接着问她："太太，我相信您养鸡赚得钱一定比您丈夫的牛奶棚多。"

那位太太听后，顿时高兴起来，因为鲍勃夸她会赚钱。

后来，那位太太把鲍勃请进了她的院子，并带鲍勃参观了她的鸡舍，鲍勃仔细地听她讲了自己养鸡的心得，并请教了她许多问题，彼此交换了不少经验。

随后，这位太太居然主动同鲍勃谈起了电的问题，她说，她的几位邻居的鸡房里都装上了电灯，据说效果还不错。她向鲍勃询问了如果她装电灯是否划算等问题。

两星期后，在这位荷兰太太的鸡房里，电灯被安装在屋顶的高处，多敏尼克鸡快乐地享受着灯光的照耀。而鲍勃，也终于做成了这笔生意，而且这位太太的生意也比原来好了不少，双方皆大欢喜。

如果鲍勃不事先投其所好，而仍用旧的方法去推销的话，恐怕她永远都不会接受鲍勃的产品，其实，鲍勃是让她自己主动购买的。

约瑟夫·纽尔是美国一所房地产公司的推销商。一次，有一所钢铁公司的总裁卡尔约他，有意要购买他的房子。

约瑟夫被邀请到卡尔所在的办公室与他一同商讨购房事宜。约瑟夫进到卡尔的办公室，看到卡尔的目光中充满了忧虑，并且时不时地向窗外张望。他们来到窗前，边欣赏窗外的景致边开始了谈话。卡尔语速很慢地对约瑟夫说："我们公司想买一幢属于自己的大楼，现在的房子是我们租用的。我没有别的条件，只希望能够在新的大厦中看到我窗外的这些景物。"他边说边随手向约瑟夫指着窗外那静静的海湾，以及海上停泊的蓝白相间的帆船。

此后，约瑟夫在一个星期内就联系了卡尔，并告诉他，自己已经物色到了一幢大楼。虽然各方面环境一般，但却可以看到卡尔所要求的如画般的风景。不过在不久以后，这所房子的前面会出现一幢楼层高于它的大厦，这样就会将这里的风景全部挡住。

约瑟夫再次约见了卡尔，并提出了自己的意见：“朋友，我希望您能再次慎重地考虑一下是否购买新房。我认为最适合您的房子是您现在租用的大楼，依我看，您不如买下它。”

卡尔没有同意约瑟夫的想法。他对约瑟夫说了关于这幢大楼建筑结构及房屋设计方面的不足，而且他还反复提到了员工们都希望在它附近的一些新式大厦中办公。希望他能够购买那种新房子。约瑟夫深知这都是些小问题。而且从卡尔的目光中可以看出他对这所老房子的留恋之情。他一定是不得已才要另购新房，但本质上还希望别人给他找个再有说服力的好理由留下来。

约瑟夫随着卡尔的目光关注着窗外宁静的海面，语重心长地问道：“先生，您初来纽约时是不是就在这个办公室？”卡尔满怀感慨地回答说：“是的。”约瑟夫接着又问道：“令您骄傲的钢铁公司是不是也在这里成立的？”卡尔回答说：“没错，的确是在这里。”

卡尔顺着约瑟夫的问题又敞开心扉说起自己的苦衷：“这里是我们公司的发源地，我对这里的一切都很有感情。但公司的员工们却极想搬出这里。”这句话道出了卡尔的隐衷。

约瑟夫见点到了卡尔内心深处，接着说道：“就凭这幢房子与公司同步发展的历史，您就有充分的理由将它买下来。”卡尔听完后，立刻轻松了起来，他终于找到了把他心爱的房子买下来的充足理由。在之后的一个小时里，他们谈妥了一切事宜，便很高兴地将房屋合同签妥了。约瑟夫也因此做成了一笔可观的生意。约瑟夫的成功取决于他善于透视顾客的心理，并且投其所好。

华尔特是纽约一家知名银行的职员，他接到任务，要求他拟写一份某公司的机密报告。而这份报告的一些重要资料掌握在一家大工业公司的总经理手中。于是，华尔特决定拜访一下这位经理，以便更好地掌握第一手资料。

华尔特被请进了那位经理的办公室，刚要开始两人的谈话。只听见门开了，一位女士探进身子对他说道："先生，很抱歉，今天没有什么值得收藏的邮票给您。"经理对她笑了笑，便回过头来解释道："我有一个12岁的小男孩，他喜欢收集邮票，你知道，小孩子有一两项爱好不是什么坏事！"

华尔特回以微笑，并说明了此次拜访的来意。当华尔特向他提问时，经理总是闪烁其词，仿佛刻意回避一样，根本不想说实话。不管用什么样的方法，都没有达到预期的效果。最后，华尔特只好起身道别，匆匆结束了此次谈话。

华尔特边走边想，突然，他仿佛想到了什么，是那位女士所问的邮票与孩子的爱好，让他有所启示。他想起他所在的银行的对外部正好搜集邮票，他们从世界各地收到的信件中取下各国的珍贵的邮票。于是，他回到银行，将自己的困难向对外部说了出来，很容易地就将那些珍奇的邮票要了过来。

第二天上午，华尔特先生又去拜访了那位总经理，他让秘书先传话告诉他，他那里有一些珍奇的邮票想送给他的儿子。那位经理听后非常高兴，他把华尔特请进自己的办公室，满脸堆笑，并认真翻看着他拿来的邮票。

他一面仔细地审阅着每一张邮票，一面不时地拿出一两张与华尔特认真的交流着。突然，他拿出一张印有蓝色蝴蝶的稀有邮票说："乔治一定会喜欢这张邮票的，他一定价值不菲。"

在此后的一个小时里，他们满怀兴趣地谈论着邮票的种类及收藏技巧等问题，谈到高兴之处，他还把自己儿子的照片拿给华尔特看。此刻，谈话的气氛友好而真诚。后来，谈话开始进入正题，华尔特向总经理谈到了他所需要的许多资料的话题。那位经理心情很好，他把他所知道的全部都说了出来，并且还叫职员把一些难懂的问题向华尔特细心加以解释。华尔特认真地做着笔记，收获颇多。那天，可以说他所需要的资料全部都找到了。

正是因为华尔特对那位经理的儿子所表达出来的关心，才使那位经理对他产生了好感，从而使那次谈话变得更加轻松，华尔特如愿以偿地拿到了他想要的东西。

当你与陌生人接触时，你不妨尝试着谈论对方感兴趣的话题。这可以帮你建立良好的人际关系，为你的事业成功及幸福的生活营造良好的氛围。

菲尔普是前耶鲁大学文学院的教授，他有过这样的经历：在我 8 岁的时候，周末我会去姑妈家度假。我的印象十分深刻，有个中年人晚餐后来访，他和姑妈寒暄后，就将注意力转移到我的身上。那时，我正在对帆船产生浓厚的兴趣，那位客人便和我一同热烈地讨论许多关于帆船的知识。等他走后，我有些留恋地对姑妈说："那个人真好，他懂得真多。"

姑妈笑着对我说："他是一位律师，看出你对帆船感兴趣，便和你一起讨论。他其实对帆船也没有什么特殊的爱好的。"我不解地问："那他为什么一直和我热情地讨论帆船呢？"姑妈笑了笑，很认真地对我说："那说明他很有修养，有绅士风度呀！他看你喜欢，所以就找你感兴趣的话题来和你一同讨论，好逗你开心呀。"

姑妈那次所说的话，菲尔普永生难忘。他后来也成为和那位律师一样有风度的绅士，学会了那种投其所好的交谈方式，成为了一名受欢迎的学者。

要想深入人心，最佳途径就是对那个人讲他知道得最多的事情。

凡拜访过罗斯福的人，无不对他广博的知识感到惊讶。“无论是一个牧童、狩猎者、纽约政客，还是一位外交家，”勃莱特夫写道，“罗斯福都知道同他谈什么。”那么，罗斯福是用什么秘诀做到这一点的呢？

其实很简单。不论何时，罗斯福每接见一位来访者，他都在头一个晚上详细了解了来访者所特别感兴趣的东西，以便找到令人感兴趣的话题，这使他们的谈话融洽而热烈。罗斯福同所有领导者一样，懂得与人沟通交流的秘诀。

记住，与人沟通的诀窍就是：谈论他人最为愉悦的事情，投其所好。

第四节　随时随地关心他人

在生活中，人与人之间的相处，都需要真诚的关心。如果我们每个人都只是关注自己，希望别人对我们产生兴趣，那永远不会有真正的朋友。

维也纳著名的心理学家阿尔弗洛德曾在《生活的意义》一书中说过：“凡是不愿关心别人的人，一定会在他的一生中遭受到巨大的困难与损失，更可悲的是，还会给别人带来不快和困苦，所有人类的种种失败、挫伤都是由此而引发的。”

的确如此，一个不懂得关心他人，对别人不感兴趣的人，他的生活也一定了无生趣，没有朋友，没有快乐幸福的人生。

我要告诉你，在我讲习班里，有个康乃铁克脱州的律师，他不愿意说出自己的名字，我们就用R先生来代替。

R先生来我讲习班没有多久，有一天，他驾着汽车陪太太去长岛拜访亲戚，他太太留下他陪老姑妈闲谈，自己另外看别的亲戚去了。R先生要把学习所得，做一次实地应用，以便将来写篇报告，于是，他想从这位老姑妈身上开始，他朝屋子四周看了看，有哪些是值得他赞赏的。

他问老姑妈："这栋房子是1890年建造的，是吗？"

"是的，"老姑妈回答，"正是那年造的。"

他又说："这使我想起，我出生的那栋房子——非常美丽，建筑也好。现在的人都不讲究这些了。"

"是的，"老姑妈点点头，"现在的年轻人，已不讲究住好看的房子，他们只需要一所小公寓和一座电冰箱，再有就是一部汽车而已。"

老姑妈怀着回忆的心情，轻柔地说："这是一栋理想的房子，这屋子是用'爱'所建造成的。我和我的丈夫在建造之前，已梦想了很多年。我们没有请建筑师，完全是我们自己设计的。"

老姑妈领着R先生去各房间参观。R先生对她一生所珍爱收藏的各种珍品，像法国式床椅、一套古式的英国茶具、意大利的名画、一幅曾经挂在法国封建时期宫堡里的丝帷，都真诚地加以赞美。

R先生接着又说，老姑妈带他参观房间过后，又带他去车库，里面停着一辆很新的"派凯特"牌的汽车。

她轻轻说："这部车子，是我丈夫去世前不久买的，自从

他去世后，我就再也没有坐过，你爱欣赏美丽的东西，我要把这部车子送给你！“

R 先生听到这话，感到很意外，婉转辞谢，说：“姑妈，我感激您的好意，可是我不能接受。我自己已经有了一辆新的车子。您有很多更亲近的亲戚，相信他们会喜欢这部车子的。”

“亲戚！”老姑妈提高了声音说：“是的，我有很多更亲近的亲戚，可他们希望我赶快离开这个世界，他们都想得到这部车子，可他们永远得不到。”

R 先生说：“姑妈，您不愿意送给他们，可以把这部车子卖掉。”

“卖掉！”老姑妈叫了起来：“你看我会卖掉这部车子？你想我会忍心看着陌生人驾着这部车子行驶在街上？这是我丈夫特地为我买的，我做梦也不会想卖，我愿意交给你，是因为你懂得如何欣赏一件美丽的东西！”

R 先生婉言辞谢，不愿接受她的赠予，可是他不能刺伤了老姑妈的感情。

这位老太太单独一个人，住在这栋宽敞的房子里，对着屋子里这些精致、珍贵的陈设，缅怀以往的岁月，她希望有一个人，跟她有同样的感受。她有过一段金色的年华，那时她美丽动人，为男士们所追求。她建造了这栋孕育着“爱”的房子，并且从欧洲各地，搜集了很多珍品来加以陈设装饰。

现在，这位老姑妈，风烛残年，孤零零的一个人，她渴望着能获得一点人间的温暖，一点出于真心的赞美，可是，却没有一个人给她。于是，当她发现她找到的时候，就像沙漠中涌出一泓泉水来，使她激动不已，甚至愿意把这部“派凯特”牌的汽车相赠。

你我都清楚，当一些人用一生的时间去向别人展示暴露自己，希望得到别人的注意时，结果往往会适得其反，人们根本不会注意你。更多的人只会关心他们自己。

纽约的一家电话公司曾经做过一次电话调查，他们试图研究人们在电话中最常用的字眼儿是什么。也许你已经猜到了答案，那就是人称代词中的“我”。据他们统计，大概每 500 次通话中就会出现 399 个“我”字。可见人们对自己有多么偏爱。

还有，我们在拍完集体照，看到照片时，首先就是要找自己在哪里。

这一切，都证明人们总是希望自己被别人重视。但是如果我们总是强调自己，那我们永远不会有知心的朋友。

哲斯顿是一位马戏团的魔术大师，他总是到世界各地演出。在他四十年的演出生涯中，总是能够让他的观众大吃一惊，表演的魔术堪称一绝。大约有六万名观众看过他精彩的演出，他因此也换来了两万美元的丰厚的净收入。

有一次，我有幸采访了这位魔术大师，请他谈谈自己的成功秘诀。哲斯顿向我讲述了他艰难的成长历程。小时候，他并没有受到学校的良好教育，而是成为了一名小流浪者。他爬过火车，睡过桥洞，当过行乞者，最让人感动的是，他是躲在货车后面向外看路标才认识字的。

其实，哲斯顿的成功不是说他在魔术方面有多么超人的天赋，而是他有着别人没有的两样本事。

首先，他有很强的个人魅力，十分懂人情。他每一个表演动作、姿态、声调都经过多次练习，所以上台表演时相当的熟练，动作敏捷，招人喜爱。其次，也可以说是他最主要的原因，就是他总是真诚的关心每一个人。哲斯顿对观众相当地在乎，他不像一些魔术师一样，上台时心里想着：“这群傻瓜，土包子，我一定要好好地吓吓你们，让你们长长见识。”而哲尔顿则完全不同，他告诉我说，每当他上台时，都要鼓励自己说：“我要从心底里感谢来看我表演的观众，因为他们的支持与信任，才使我有了今天辉煌的成就，我要尽最大的努力让这场表演成功，让我的观众满意。”

哲斯顿接着又说：“有时，上台之前我会大声高喊，我爱我的观众。”听完他的话，我并没笑出来，我觉得这正是他成功的秘诀，他真诚地关心观众们的感受，在乎观众的心情，从而使自己的表演也提高到了更高的境界。

真诚地关心他人，对人对己都有不可或缺的帮助。

艾森豪威尔当上总统之后，他的夫人对家里的开支仍很节俭，从不乱花一分钱。但是她对她手下的工作人员却相当慷慨，很多工作人员都十分爱戴她。很多时候，她都会主动和工作人员打招呼，并亲切地和他们聊天，关心他们家庭生活情况等等。艾森豪威尔夫人对他人相当的细心，如果哪天某位工作人员生病了，她会派人送去一束鲜花。有时，就算他们的家属生病，她都会送花给他们表示关心。

在他们入住白宫的第一个圣诞节时，艾森豪威尔夫人用心挑选了许多圣诞礼物，准备发给所有的工作人员，当她把那些充满新意的礼物堆到圣诞树下的时候，松了口气，说：“我终于实现了我的愿望，给每一个为我工作过的人送一份圣诞礼物。”到了节日临近之时，她将这些祝福分别送给了大家，工作人员万分感动，都纷纷送给她最真挚的祝福。

这位没有架子的总统夫人，对所有的工作人员都十分的关心。她让女管家记住每位员工的生日，每逢有人过生日，她都会吩咐厨师做一个大的生日蛋糕，并亲自挑选生日贺卡放在上面。

有哪一位职员会不喜欢这样的老板呢？又有谁会不喜欢这样友善而随和的人呢？

如果我们想要结交朋友、发展事业，就要先为别人做些事情——那就是需要花时间、精力，用心才能做到的事情。

如果你要别人对你有好感，那就请记住：真诚的随时随地的关心他人。

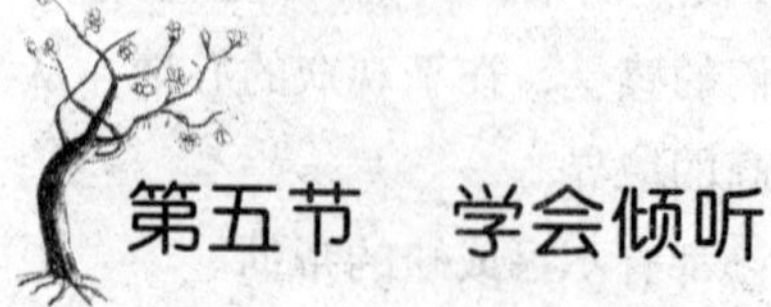

第五节　学会倾听

如果你想成为善于与人沟通的人，那么你就要注意倾听他人的意见、抱怨。因为，无论是怎样的挑剔者，都会在一个有耐心和同情心的倾听者面前软化降伏。

最近，我参加了纽约一位出版商举办的私人宴会，在那里，我遇到了一位著名的植物学家。在此之前，我对植物一无所知，更不用说和植物学家谈话了。但是，眼前的植物学家对我相当有诱惑性。我像着了迷似的和他在宴会一角的沙发上攀谈。我静静地听他给我讲有关大麻和室内花房的事，这些对我来说简直太棒了，最后，她还给我讲了有关马铃薯的故事。我认真听着她的讲话，向她询问我的一个小型花园该如何打理，她热忱地给我提了许多建议，让我受了不小的启发。

我和这位植物学家谈了数小时之久，时间到了午夜，我准备回家，临别时那位植物学家在宴会主人面前赞扬我是“极富个人魅力”的人，还说我谈吐优雅风趣。我听后暗喜，其实，在整晚的谈话中，我根本没有说什么话，我所做的就是静静地倾听她植物王国的趣闻。因为我在植物学方面知之甚少，所以倾听是最好的谈话方式。

当我静静地用心倾听时，发现她所讲的那些东西是那样的有趣，而作为说话一方的她，也看出了我的好奇，于是便饶有兴趣地继续讲了下去。她本人也一定满怀自豪感，因而心情也变得高兴了起来。

其实，静静地倾听不但表示你对他人的尊敬，同时还肯定了他人说话的重要性。就像伍德在《异乡人之恋》中所说的："很少有人能拒绝接受专心倾听所包含的谄媚。"

静静地倾听是我们对任何一个人恭维的一种方法。

在美国的芝加哥，有一家经营良好的百货公司，但有一次却差点儿失去一位每年都要在这里花上几千美元的老顾客。

事情是这样的，一位名叫道格拉斯的女士，在该公司买了一件特价的羊绒大衣，回家后发现这件大衣的内衬破了。第二天，她来到该百货公司要求退换，但店员根本没有听她的抱怨，就开口说："我们这里很清楚地标明了，特价商品一旦售出，概不退换。再说这些货品都是最后一批货，有瑕疵也是难免的，您既然买的是特价商品，我们就不能给您换，您还是拿回家自己缝缝吧。"

"但是这件大衣的毛病也太大了吧？整个内衬都不合适。"道格拉斯女士气愤地说。

"那没办法，特价品您还想要多好呀？总之我们是不会给您换的。"店员没好气地回答。

道格拉斯夫人非常生气，决定再也不来这家店买东西了，她拿着大衣正要往外走，公司经理听到吵架声从办公室出来了，看到道格拉斯夫人，他热情地挽留了她。他们相识多年，他知道她并不是那种无理取闹的顾客，她的信用很好。

经理耐心地倾听了道格拉斯夫人的诉苦，把事情的来龙去脉听完后，仔细察看着大衣，然后说："特价品的确是最后一批了，我们会在每个季节的最后几天将它们处理掉，但您这件大衣的毛病实在是太大了，所以，您把它放在这里吧，我们会把它缝好的，或者如果您实在不想要的话，我们可以把钱退还给您。"

道格拉斯夫人心中的怒火顿时烟消云散。接着她讲了自己的感受，还说，自己会继续光顾这家百货公司的。这位经理始终耐心地倾听着，直到道格拉斯太太满意离开为止。假如这位经理没有听顾客的烦恼，不停地说自己的不满，他将会失去一位长期的顾客。

成功交流并没有什么神秘之处，只要你专心致志地注意对方就行了。

荷兰籍的埃德华是美国一家知名杂志的编辑，谁也不会想到他年幼时的经历。他从小家境贫寒，书只读到了六年级就休学了。那年他才13岁，他来到西联公司打工，一周仅有6.25美元的收入。但他丝毫没有放弃受教育的梦想，为了购买《美国名人自传大全》，他每天步行回家，不吃午饭，将钱一点一点地攒起来。钱攒够后，他马上将那本书买了回来，如饥似渴地阅读着。慢慢地，他对这些人物的成长越来越感兴趣。由于那本传记对名人童年的描述很少，于是，他便想出给名人写信的念头。他写信给加非大将，问他童年做拉船童工的经历，年幼的埃德华是个喜欢倾听的孩子，当加非给他回信后，他认真地阅读。

这位善于倾听别人故事的小孩儿没多久就几乎给美国的所有名人都写了信，包括爱迪生、布洛克、何姆斯、林肯夫人、杰弗逊等。

他不但和那些名人通信，倾听他们谈论各自的成长经历，一有假期，他还到他们那里去拜访。成为那些名人家中最受欢迎的客人。这种不平常的人生经历，对他将来的人生起了很好的积极作用。使他的理想与志向有了更大的激发。

埃德华的成功经验在于，他谈论那些名人感兴趣的话题，他邀请他们谈自己的人生经历，然后自己静静地倾听，这无形中也满足了他们的成就感。

不要在别人面前大谈自己，而要让别人谈论自己，表面上你仿佛是没有谈话的主动性，但实际上你却获得了更多的友情和信任。

在纽约，有一份很有实力的报纸，正在招聘有写作才能和管理经验的人才。克斯看了招聘广告后立即向这份报纸投了自己的简历。几天后，他得到通知，让他到那家报社去面试。克斯在去面试之前，没有做什么特别的准备，只是尽可能地在各方面搜寻有关这家报纸创办人的生平事迹。

到了面试时，克斯准时地到达了该报社，并在面试的过程中向该报社负责人提出了自己的问题："尊敬的先生，如果我能进入该报社工作，这将是我一生中最自豪不过的事了。据我了解，在报社开办的早期，这里是相当简陋的，只有几张简单的桌椅和一个速记员，这些都是真的吗？"

这位负责人可以说在事业上是相当有成绩的，当然，凡是成功人士都喜欢回忆早期创业的艰辛，他也不例外。于是，那位负责人就滔滔不绝地向克斯谈起了他的艰苦创业历程。早年时，他工作相当艰苦，仅仅用 450 美元和创业的斗志开始了他的办报生涯。那时，他每天工作 12～16 个小时，周六周日也不曾休息。最后，他终于有所成就，并成了华尔街的知名人物，事业上取得了前所未有的成功。在他的叙述中，我们能看出他为自己事业上取得的成功而自豪。克斯一直耐心地听这位负责人讲完他的经历。随后，这位负责人又向克斯提了几个问题，在对他有了初步的了解后，对他说："先生，您就是我们要找的人，很高兴，您被录用了。"

克斯的成功，说明他费尽心思的倾听没有白费，他对这家公司及上司的真切关心，使上司对他留下了极好的印象。

的确这样，有一颗真诚开放之心去听取他人的讲话是相当重要的。

正如《读者文摘》中的一篇文章所讲："很多人找心理医生，无非是想找一个静静倾听自己心声的人。"

所以，如果你想成为受人欢迎的人，你就要学会静静地倾听他人讲话。要想让别人对你感兴趣，你首先要关注别人，问别人关注的问题，甚至鼓励别人谈他们的成就，这些都是值得我们去做的事。

那么，让我们时刻记住，做一个善于倾听的人，掌握倾听的艺术吧。

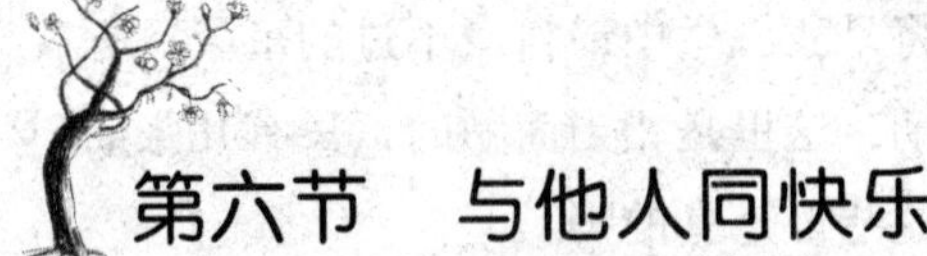

第六节　与他人同快乐

一支流行歌曲开头的一句话意味深长："我想获得快乐，但是我只有使你幸福了，我才会快乐。"

寻找你自己快乐的最可靠的方法，就是竭尽全力使别人更快乐。快乐是一种很难捉摸、瞬息万变的东西。如果你刻意去追寻它，你会发现它有意在逃避你，但是如果你努力将快乐送给他人，快乐便会不经意地来到你身边。

让我们看看发生在美国海军中最受欢迎的女士马格利特的故事吧。

马格利特女士因为患心脏病已卧床多年，她一天中的24小时有22小时都是躺在床上度过的，每天在庭院中晒晒太阳，呼吸一下新鲜空气对她来说是最奢侈的享受了。但如果没有女仆的帮助，她将寸步难移。她说："我每天过着死一般的生活，痛苦地几乎产生自杀的念头。"

在马格利特卧床期间，发生了举世闻名的日军偷袭珍珠港事件。那次战争的到来，彻底改变了马格利特的人生。

马格利特向我们讲道："事情来得很突然，到处一片混乱。军队到处寻找避难场所来救援伤员，他们把军队家属拉到学校避难。此时，红十字会打电话征求我的意见，他们希望能有足够的空房子作为避难场所，因为我这里有一部电话，希望我能够帮助他们将我家暂时充当消息联络站。我欣然同意了。我认为我应该做一些我力所能及的事情来帮助他们。于是，我一边帮助调动家属们到避难所，另一边告诉前线的士兵他们家属的安危。

那次战役打得十分惨烈，有2 000多名士兵英勇牺牲，900多名士兵下落不明。"当我得知我的丈夫在前线安然无恙后，我便鼓起劲头开始我每天必做的工作，我同时还鼓励那些和我一样担心着自己丈夫安危的妻子们，安慰那些因丈夫阵亡而伤痛欲绝的年轻寡妇。"

"起初，由于身体原因，我是躺在床上开始每天的接电话工作的，令人惊讶的是，没过多久，我就能坐在我的床上完成接电话的工作了。仿佛工作越忙，精神越好。到最后，我几乎忘记自己是一名卧床不起的人了。我每天都致力于我的询问工作，一心想着那些不幸的人们，想给予他们我最大的帮助。后来，除了每晚固定的8小时睡眠以外，我都是在我的小写字台前度过的。我的身体仿佛也随着珍珠港事件的忙碌有了很大的好转，我再也不用卧床不起了。”

尽管珍珠港事件是一起非常惨痛的战役，但对于马格利特个人来说却是生命的一次转机。她得到了一种意想不到的生命力量。在这次生命的转变过程中，玛格利特自己走出了自己的生活，去努力地关怀、帮助别人。她对生命积极的态度，对他人无保留的关心，使她自己从中获得了生命的重生。

关心他人，不仅可以将自己从烦恼中解脱，还可以使你广结朋友，更有助于得到更多的快乐。无论是商店的售货员、擦鞋匠、送报童还是别的什么人，他们都怀有一定的理想，期望别人能给予他们更多的尊重与理解。但我们可曾真的关注过他们的感情呢？他们每天为我们尽心的服务，我们不该吝惜我们的关心与付出，对他们多表达一份真诚的关怀无疑是一件不错的好事。

如果你在理完发后赞美理发师的技艺高超，购物后称赞售货员的妆容有多漂亮，顺便问她干一天工作累不累等关怀的问题。你所换来的不只是购物消费的满足。还会给你带来无限的快乐与满足。

鲁鲁斯特说：“助人不是一种义务或是负担，而是一种快乐，因为你会从中获得满足，更能增进你的健康，使你的心情也变得快乐起来。”

富兰克林也曾经说过：“在你关怀别人，帮助别人的同时，也就等于在帮助自己，为自己谋取快乐。”

作家克莱尔是俄克拉马城大学一位教授的妻子，她向我们谈到她婚后经历的幸福生活，她说："在我们结婚两年后，住在我们对面的邻居家有一对身体不好的老夫妇。妻子双目失明且下肢瘫痪，整日坐在轮椅上，而她的丈夫身体也并不很好，每天在家中照料体弱多病的妻子，日子过得了无生趣。"

克莱尔和丈夫将老人的生活看在眼中，他们决定让两位老人的生活有所改变，让他们更快乐些。于是，在圣诞节前夕，她和丈夫商量后，决定为这对夫妇送去一棵装饰得很漂亮的圣诞树。他们挑选了一棵精致的圣诞树，将它拿回家精心地装饰一番，并买了一些礼物，在圣诞节的前夜送到了邻居夫妇家中。

两位老人收到克莱尔夫妇送去的精致的礼物后，感动得哭了起来，多年来，由于身体的缘故，他们已经好久没有欣赏过圣诞树了，他们很少能够这么快乐。

从那以后，克莱尔夫妇每次拜访，他们都会提到那棵珍贵的圣诞树，尽管他们仅仅是做了一件很小的事，但从中获得的快乐，却是十分充足和珍贵的。

由于他们的友好，他们获得了一种快乐与幸福，这种快乐是一种十分深厚而温暖的感情，这种幸福将一直留在他们的记忆中。

20 世纪最有名的无神论者西道尔曾经说过："如果想在短暂的一生中寻找快乐，那必是以他人为中心，为他人设想，将他人的快乐作为自己的最大快乐，当周围的人们都幸福快乐的时候，自己才能因此而感染到愉快。"

在生活中，我们要不断地结识新朋友，无论在什么地方，都要兴高采烈，把自己的欢乐给予别人分享。让我们尽可能地去与别人一同分享欢乐与喜悦吧，让你周围的人都因你的行为而欢笑吧，相信那样你也会从中获得更多的快乐。

第三章　如何完善你自己

第一节　做独一无二的自己

在人的性格中，有些东西是摄影师无法捕捉，画家无法描绘，雕刻家根本无法塑造的。这就是“个性”。“个性”是一种微妙的东西，人人都能亲身感受它，但是却没有人能够刻画它，没有哪一位作家在传记里把它真实地记录下来。尽管如此，它却和人生的成功紧紧相连，起着决定性的作用。

人性是一种非凡的品质，有些人拥有与众不同的个性。比如林肯，发表演说时只要一提到他的名字，听众们便会无比热烈地欢呼鼓掌。

我们都有自己的个性和与生俱来的特质，这能够发挥某些影响力。别人由我们的行为观察我们的个性。个性是一个人的精神、肉体特质和习惯的综合，个性使这个人与别人不同，并且决定着他是否为人所喜爱或厌恶。

在这个世界上，你是独一无二的。以前没有和你一样的人出现过，以后也不会有。纵然你的父母孕育了你，那也仅仅有

300 万亿分之一的机会才有一个跟你完全一模一样的人。

所以，尽可能的展现你自己的个性，善用你的天赋，保持自我是你人生中最重要的事。

成熟的人不会在晚间反复思考自己与别人有何不同，他有可能有时会对自己做简短的自我批评，但他们对自己奋斗的目标是完全肯定的，与自叹自怜相比，他们更喜欢改进自身的缺点。

几年前，我的学习班中有一位女学员。她的丈夫是一位事业上一帆风顺的成功律师，做事有条理，处理问题冷静，有理想、有抱负，但又有些独裁。她平时生活中的聚会圈子也是围绕着她丈夫展开的。这位女士尽管文静有素养，但他丈夫的出色把她的才华和志向全都掩盖了。她总是深感自己十分没用，做什么都比不过她的丈夫。慢慢地，她对自己越来越没有信心，她总是为自己不能达到别人期望的样子而自卑，越来越讨厌自己没有个性。

这位女学员的问题在我们生活中屡见不鲜。她的问题并不在于对环境的不适应，而是她不能很好地认清自己的个性。她总是希望改变自己来适应别人，而不是直面自己的个性。她所需要做的并不是想尽办法来改变自己，而是要保持自己的个性，并让它在生活中展现出来，只有展现出自己独一无二的个性，她才会真正活得快乐。

她不应该用别人的看法来约束自己的个性。不应该总是批评自己的性格。要针对自身的性格做事。约束压抑得太久，是永远不会感到生活的快乐的。

在某些时候，我们根本没必要钻牛角尖，我们不妨将注意力放在自己的优点上面，尽力将优点表现出来，忘却自身的不足，只有这样，我们才能拥有自身独特的个性。

詹姆士·戈尔医生曾经说过："一个人最糟的是不能做回他自己，并且在身体和思想中保持自我。"

我自己就曾在这方面犯过错误，而且可以说是一次惨痛的不堪回首的人生经历。当我初来美国时，我的志向是报考美国戏剧学院，因为我渴望成为一名电视明星。在报考前，我希望找出一条成功的捷径来，于是，我便不停地观看当红的电影电视明星的表演。将几个著名的表演风格学下来，取他们的优点，让自己能表演得和他们一样，可是这种做法却根本没有效果，经过很长时间的学习、模仿，我始终不能成为别人，也根本不可能成为别人。因为我就是我。这次模仿仿佛就像傻瓜一样，让我荒废了许多宝贵的时间，这成为我终生难忘的教训。

著名的喜剧大师卓别林以幽默的表演征服了全世界的影迷。年轻的卓别林由于家境的原因，8 岁就开始了首次表演，12 岁就在舞台剧中出演角色。他在马戏团演过小幽默剧，在剧团演过滑稽剧，后来，他的表演越来越成熟。在他 19 岁时，已经是小有名气的喜剧演员了。

在他 21 岁时，他离开伦敦，来到了美国纽约，寻求更广阔的发展。在纽约演戏时，导演要求他模仿当时德国一位很有名气的喜剧演员的表演，这被卓别林毅然拒绝了。他讨厌模仿别人表演，希望能真正地展现自身的演艺才华。于是，他不断地探索电影表演艺术，形成了自己独特的表演风格。他在电影表演中充分显示了自己幽默表演的才华，一举成为最伟大的幽默表演艺术大师。

卓别林独特的表演风格使他获得了巨大的成功。这与他保持自我的个性是分不开的。

下面还有一个关于做回自我，取得成功的例子。

有一位女孩儿，做梦都想成为歌唱家，可是她长得并不漂亮，她嘴巴很大，牙齿也不整齐，但是她的声音却相当的独特。有一次，她在一家小型的舞会中登台演唱，她努力遮盖她的缺点，想办法把上嘴唇拉下来遮盖她的牙齿，希望不让别人注意到，但适得其反。她越是想掩盖就越难看，那次表演使她洋相大出。

这次表演对女孩儿打击不小，但是她却遇到了一位好心的人，这个人向她直率地讲了自己的看法："我整个晚上都在关注你的演出，你唱得的确很出色。但是，你总是试图想要掩盖你那牙齿，是因为它长的不好看吗？"女孩听后，不知道该怎样回答这个直率的人，脸也红了起来。那个人继续说："你难道认为自己的牙齿不好就觉得非常羞愧吗！你越是掩饰就越起到相反的作用。根本没有什么不好意思的，你的歌唱得很优美，这是你最大的优点。自然地张开你的嘴，观众们也会自然接受并喜欢你的。而且说不定牙齿不好更可以给人留下深刻的印象，让别人更加赏识你呢！"

这位女孩子听了这位好心人的劝告，开始慢慢忽略掉自己身上的这一缺陷，不太在意那些难看的牙齿了。从此以后，她更加用心地练习歌唱，全身心地将自己的歌献给听众，张开自己的嘴，自然而热情地开始了自己的歌唱生涯。最终，她实现了自己的理想，成为了全国知名的歌手，拥有了大批的崇拜者。

但丁曾说过："走自己的路，让别人说去吧！"人的一生是极其有限的，要想集合所有的优点于一身是件多么荒唐可笑的事呀！

索性，我们不妨就做回自己，保持自己独一无二的个性，珍惜上天给我们的一切，唱自己的歌，做自己的事，不模仿别的想法和做法。

如果你要活得更成熟，那一定记住寻找自我，保持本色，做独一无二的自己。

第二节 学会锲而不舍的坚持

在我们所生活的大千世界中，每个人都希望自己的梦想能够马上实现。但是，当事情的发展没有他们所期望的那样快时，他们梦想的规模就会迅速减缓，甚至有时会完全放弃。

约翰是一位职业驯狗师。我曾经问过他，斗牛狗为什么会那样凶猛。他回答我说，斗牛狗其实是一种非常温顺友善的动物，它只有在受到威胁或猛烈攻击时才会变得异常凶猛。

在很久以前，斗牛狗主要用来与其他狗在竞技场中搏斗，尽管它体格小，但被其他狗激怒时，其他狗和它搏斗时很少有赢的时候。约翰说："这种狗有一种不斗死不认输的精神，其次，它还聪明，它非常善于找到对手的弱点，从而获得最终的胜利。"

在我们走下坡路时，如果你不坚持，就没法往坡上走。无论在个人生活或是工作中，我们所经历的道路总是陡峭而危险的，如果不坚持就很难实现最终的梦想。我们应该学习斗牛狗那种不畏困难，韧性极强的精神，并且努力将这种动力坚持下去，直到实现梦想为止。

著名的发明家爱迪生，一生发明了许多我们众所周知的东西，他有两句至理名言：“当事情变得不顺利时，那不顺利的事一定还会出现的”和“天才是百分之一的灵感加上百分之九十九的努力”。爱迪生在发明了电灯后，不仅被视为天才，也向世人证明了作为真正的天才，是靠自身锲而不舍的努力坚持才取得成功的，而不是有过人的智商就能成功。

爱迪生成功的秘诀在于，他从不因一时的挫败而灰心沮丧，反而会使他重新振奋精神，向着自己的目标努力进取，不断地坚持，最终使他走向了成功。他让我们从此在光明之中获益。

当意志和欲望相结合的时候，它们就会形成一种不可言喻的力量。很多人只要碰到一点挫折与困难，就放弃原来的目标，变得知难而退。只有少数人才能够克服阻力继续向前，直到将自己的梦想实现为止。

真正有理想有抱负的人，认为失败只是暂时的，他们会用自己的力量努力使失败转化为成功的动力。如果一个人没有坚持的精神，那他在任何事上都不会成功。

芬妮·赫尔斯的经历充分证明了锲而不舍的努力坚持的重要性。芬妮一生都在不懈地奋斗中度过。

芬妮只身一人来到纽约，希望能依靠写作来实现自身的价值。但是，理想不是那么轻易就能实现的。在成为作家的漫长日子中，整整经历了 4 年的时间。在这 4 年里，芬妮要赚钱养活自己，她白天在餐厅打工，夜晚开始自己的文学创作。每当她渺茫无助的时候，她总是对自己说：“纽约，我一定会战胜你的，我不会向你低头认输的。”

芬妮在她第一篇稿子发出之前，总共被退回 36 次。一般人很少有这样的毅力而再继续坚持投稿。芬妮从没有放弃过自己的写作梦想，即使坚持了 4 年也毫不气馁。芬妮最后终于获得了写作上的成功，她战胜了困难与时间的考验。自此以后，芬妮名声大噪，许多出版商都指定她的书。从此，她的写作事业辉煌起来。

在生命中的任何时候，都应该以一种锲而不舍的态度来面对困难，只有这样，才能获得成功。

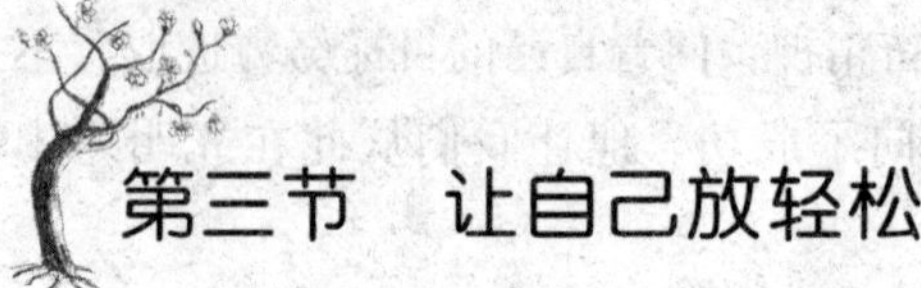

第三节　让自己放轻松

爱丽丝是一个小公司的职员，她每天回家都会感到精疲力竭，浑身疼痛、疲惫不堪。她一回家就一头倒在床上，头痛、腰酸、背直不起来，累得连饭都不想吃。只想一直躺着，什么都不想做。她的父母对此很担心，在母亲的极力劝说下，爱丽丝勉强地坐起来吃了很少的几口。

有一天晚上，她照例疲惫地回到家，没精打采地准备吃饭。突然，她男朋友给她打电话，邀请她参加晚间的化妆舞会，爱丽丝听到后兴奋异常，以最快的速度换好礼服，兴高采烈地奔出家门，丝毫也看不出一点进家门时的疲惫。她凌晨才回到家，但即使这样，也没有一点疲劳，心情也相当愉快。在第二天工作时，工作效率也明显有所提高，与平时的她简直判若两人。

从爱丽丝两个时间段的不同，可以看出她对工作的不满，她也许早已厌倦了自己工作的枯燥，也许工作的压力对她来说早已力不从心。在我们现实生活中，一定有许多像爱丽丝这样因工作压力而疲倦不堪的人，有时情绪上的压力也会让人难以承受。

在这种情况下，我们就要学会适当地放松自己，娱乐自己。

据科学家研究，我们的大脑一般情况下工作八至十二个小时是没有什么问题，不会有什么不良反应的。那么，我们为什么会感到劳累呢？究竟是什么让我们倍感疲劳呢？

医学家称，我们当中大多数疲劳的表现都来源于我们自身精神状态。著名精神病理学家哈德菲曾说过："人们疲劳大部分源于我们的精神因素，而真正因为体力、生理上的疲劳是不多的。"

一家保险公司在他们的宣传册中这样写道："努力工作不是导致疲劳的真正原因，尤其是那些经过休息后仍不能解除的。真正导致疲劳的是紧张、忧郁、心烦意乱。"所以，记住，让你自己放轻松也是最重要的，也就说心态最重要。

小说家鲍韦尔小的时候，不小心摔跤伤了膝盖。路过的老人将她扶起，关切地说："你之所以会受伤，那完全是因为你不懂得怎样将自己放松，你应该把你的身体当成一只旧袜子一样放松。让我给你表演一下吧！"

那位慈祥的老人说着便开始了他的有意思的表演。他倒在地下，一会儿向前滚过来，一会儿又朝后面翻过去，然后嘴中还不停地嘀咕道："我就是一只松弛的袜子，我很轻松。"

事实上，我们不必真的在地上滚来滚去来感受松弛，我们要的是那种旧袜子般松弛的感觉，没必要刻意去追求放松，放轻松是件自然而然的事情。

紧张是一种习惯，那么，也可以把轻松培养成一种生活习惯。

在紧张的时候我们就要从肌肉放松开始，说得简单点，就是如果我们刚看完一篇很难理解的科学论文，不妨先将身体向椅子背后靠，慢慢地将眼睛闭上，然后对自己说："放松一点，不要紧张，不要皱眉，放松一下吧！"过几分钟，也许你就会感觉到自己眼部肌肉真的轻松了许多，也许这让你不可思议，其实放松的方法就是如此的简单，当然，身体各部位都可以运用这种神奇的简单易行的方法予以放松。

思格特先生就是因为很好地掌握了这种放松方法才让自己恢复健康的。思格特先生十年前得了肾炎，走访过许多名医，都没有疗效。

没过多久，忧郁的思格特先生又患了肾炎并发症。血压急剧上升，一下升到200，医生惋惜地对他说，你活不了多久了，并叫他的家人为他准备后事。

思格特悲痛万分，他回到家中，查了自己的保险，并准备了后事，心情也消极到了极点。他忧伤的心情使全家都不快乐。他的全家都在为他担心，以致气氛极为消沉。而思格特整日都在自怨自艾中度过，每晚也在痛苦的失眠中度过。这样过去一段时间后，他开始深刻地反思，好像领悟到了任何不快与失落都没有意义。为何不珍惜眼前所剩不多的时光，与家人快乐地度过呢？

他开始不那么紧张自己的生命了，反而放松的开始面对每一天。他微笑着面对他的家人与朋友，尽管他一开始有些压抑着自己的不快，但当他看到家人因他心情变好而高兴时，自己也从心底里开始轻松的生活了。

没过多久，他便觉得自己身体发生了变化，他深知自己的身体也同心情一样好了许多。由于心情的愉悦，他的病情不但超过了他的死期很长时间，而且连血压也有了明显的下降，身体竟然一点点的奇迹般康复了。是他积极的心态让自己的身体得到了治愈。

拥有放松、愉快的心情不仅可以给自己带来生命的奇迹，还会给周围人带来快乐。

对于放松的心态，这里有 4 条建议，也许对你的生活有所帮助：

第一，要像一只松弛的旧袜子一样随时保持放松的心态。当然，如果你对袜子松弛的理念还没有什么概念的话，你可以想想在温暖的午后，趴在窗台上晒太阳的猫咪，它们那身松软皮毛在阳光下软绵绵的。没有哪只慵懒的猫会有心烦的事不能入睡，或因头痛折磨而精神疲惫。

第二，尽量在舒适的环境下工作。无论身体怎样紧张都没有任何意义，这更会导致颈椎方面的疾病。

第三，做到每天几次的自我反省，自问自己在哪方面还有不足，有没有让自己过度劳累，随时养成自我放松的习惯。

第四，在入睡前，躺在床上，回想一天里自己的所作所为，自己在工作上是否过于疲劳，若感到力不从心，找一找是不是工作方法的原因，对自己的心情及精神状态做个总结。每天和自己谈谈话，可以引导自己思考勇气与快乐的含义，若每天回想一下值得感谢的事情，你的心灵也会豁达起来的，会变得快乐而欢畅。

因此，在紧张而忙碌的工作生活中，让我们学会使自己放轻松，这比什么都重要。

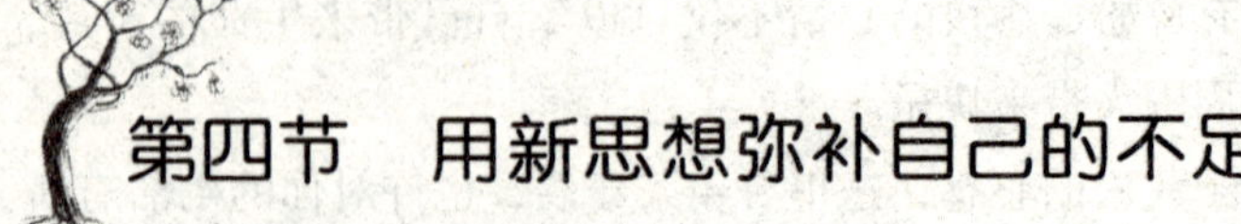

第四节　用新思想弥补自己的不足

这世界，时间消逝得相当快，我们要认真地学习，接受新思想事物，来弥补自身的落后。在时间一点一点消逝的同时，我们会变得衰老，身体也会每况愈下，就连最好的朋友也会离我们而去。如果我们对身边的新事物永远感兴趣，用新鲜事物去填补我们陈旧的内心，那我们永远也不会觉得落伍和失落。

具有成熟心灵的人，都明白“活到老，学到老”的道理，并深刻地感受到不断地探求新知识，不断寻找进步给心灵带来的极大愉悦。

我们现在所提到的教育，不仅指平时所说的中小学及大学的正式学习，它还包含所有一切连自学在内的学习过程。任何人都可以有享受自我教育的权利，教育本身就是一种心灵扩充、成长和进步的过程，这是我们内心中自我成长和学习的过程。

《纽约时报》曾经发表过一篇轰动一时的文章。文章的主人公雷普利是一家公司的推销员，由于他白天有工作，所以他利用晚上的时间在一所高中补习，经过四年不懈努力，换来了一张他梦寐以求的高中毕业证书。然而他没有就此满足，随后又报名参加布鲁克林大学的夜间补习班，攻读大学课程。他主修的是自己喜欢的法学，雷普利利用晚间的时间努力学习大学课程，尽管遇到了许多困难，但他丝毫没有退缩，反而愈学愈有动力。一次英文课上，老师让同学以《你快乐的标准》为题写出自己的感受，雷普利是这样写的："在以前，我最大的快乐就是能拿到高中毕业证书，但现在，我考上了大学，我希望将来能够为律师事业而努力奋斗。"

看到这里，我们一定会认为这是一位拥有远大抱负的年轻小伙子。但实际上，这位注册大学课程不久的雷普利先生，刚刚度过了自己的60大寿。

这则报道听起来有些不可思议，但这是件真实发生的事情。雷普利自学的精神让我深感敬佩。学习是一生的事，它不会因年龄的局限而有所不同，在人生的任何阶段都有寻求教育的权利。

不断学习是我们寻求进步的最高境界，但如果我们总是把自己沉浸在生活中，不能开拓更广阔的视野，那我们永远也不会有所进步。

印第安那纳的一位女士曾经向我寻求帮助。她的丈夫是一家公司的主管，文化素养很高，兴趣广泛，与丈夫相比，她没有一点优点，她的丈夫仿佛也对她失去了兴趣，而她自己也觉得自己没有任何修养与内涵，她对我说，她因为家境不好而没上大学，自己的内在素养也没能够培养起来。她结婚后就更没有机会受任何教育。她对丈夫所喜爱的一些关于文学、音乐等文化层次很高的东西几乎一无所知，她并没有因此进修，培养这方面的兴趣，拉近和丈夫之间的距离，而她更喜欢和一群文化层次较低的朋友聊家常。

我问她平时喜欢做什么来度过每日的生活，她回答说她平时除了带带孩子，就是和朋友们打打桥牌，看看电视剧。有时也会看看书，但也不外乎都是看些言情小说。

这位妇女并没有利用空余时间来培养自己更广阔的兴趣。她没有让自己努力进步，而是踏步不前，所以她与丈夫之间的距离就会越来越大。

我们中的许多人都像这位妇女一样，不愿接受更新的挑战，常常把自己放在自己的小圈子中，根本不愿再学习进步。他们以为自己已经来到学习的尽头，人生的终点站了，但是他们却没有意识到人生中最重要的就是对知识的渴望与探索，这就需要我们不断地努力学习，寻求人生的一次次进步。

下面这位住在德州某小镇的老妇人与上面的妇女有着截然不同的人生信仰。

她是位小镇牧师的夫人，辛苦地将五个孩子养大成人，并让他们都受到了良好的大学教育。孩子们长大成人后，在事业和生活上都较为成功，在孩子们都事业有成后，这位已做了祖母的老夫人准备重新报名，完成自己梦想的大学学业，她报考了雷德州大学，并以优异的成绩毕业。

现在那位夫人已将近 70 岁，她仍在不断地学习中，由于她聪明好学，在社区老年俱乐部中很受大家喜爱。人们喜欢和她相处，她那好学、乐观的个性总是吸引许多朋友。她的家人们也都以她为骄傲。家庭生活非常幸福，儿女们都争着要她在自己家小住。

这位老妇人正是因为不断地接受新的思想，学习新知识，努力面对挑战，才迎得了大家的认同和尊敬。

一个积极的成功者，他最大特征是无时无刻地追求进步，总是自强不息地争取不断前进。但有时，一个人在事业上自以为满足而不再追求时，那往往是他事业下坡的开始。

一个想有所作为的人，必须常同他的竞争者接触，并且总是及时地吸收新的思想，改进自己的工作方法。只有不断学习，才能有所发展，获得更大的成功。

当然，只有明智的人才会领悟出求新求变的真正价值所在，才会用客观的态度去观察他人的优点，反省自身的不足，以求改进。那些总是困在自己小圈子中的人，永远不会成功，必定要步入失败的迷宫。他们通常沉浸在自我满足之中，对自己的不足往往忽略不计。很多人的通病是没有随时随地上进的概念。

我们的心灵是身体中最重要的部位，如果我们经常滋养抚慰它，它便会努力健康地生长下去。但是如果我们总是忽略而淡忘它，那么它同样会枯萎。所以我们要使我们的心灵经常受到新思想的填补，只有这样，才会健康成长。

我们为了开创更为有力的精神，就一定要抛开那些陈旧的思想与观念。如果你没有受到很好的教育，那也无妨，我们还可以通过很多渠道来学习自己所需的更多知识。只要你有希望，有信心，教育的机会满地都是。

所以，在现代社会中，我们要永不满足地学习新的知识，保持新思想，让自身各方面都有更为广阔的进步。

第五节　别让自己看起来乏味

世界上没有任何一个人，在精神正常的情况下去做一些令人生厌的事。

我们每个人也许都有很多烦恼的事情，但我们却会认同“乏味”是最令人头痛的事情。可到现在为止，我们似乎都没有什么办法来消除它，反而总是在逃避。世上更不会有什么地方能把这些乏味的人或事隔绝起来，它们总是缠着我们不放。

既然不可逃避，那么就让我们做好准备预防乏味吧。现在我们来分析一下，究竟是什么让人或事如此乏味吧。

以下是令人乏味的几种常见的状况：

1. 说话没有重点

我看了马克·吐温的一篇关于如何漫无边际地描述一件事的文章，却没有看到什么重点，下面是这篇文章精彩的一段：

"我同你讲过去参观哈比印第安村的事吧？我们好像是周三上的路，不，又好像是周四，因为我和你说过周三去看医生的。我的牙齿有点松动，如果不看牙医会发炎的。那个牙医在给我看牙齿时啰唆个没完没了。有一次和上司提起过他，一说起我的上司，我就急，他做事从来就不上心，做什么都要我来帮助，大小事都靠我。我对我妻子发了几次牢骚，说我不想再这样下去了，而我的妻子说如果我要辞职，就回家去找她母亲，这听起来真是太孩子气了。"

到最后，我们还是对哈比印第安村一无所知，可见说话没有重点是多么令人哭笑不得。

2. 不停地谈论孩子或宠物。

"你家中的孩子怎样？"见面时，我们往往会不经意地问候，但是这往往会招来一大堆令人心烦的长篇大论。通常，这些长篇大论都没有什么实用价值，但只要她一开口，便会没完没了，一发不可收拾，让滔滔不绝的话语将你埋盖起来。一般她们总是这样说：

"这几天我的宝贝孩子哈利——就是那个最小最顽皮的孩子，一直都不好好吃饭，昨天他把麦片打翻，一口都不想吃下去。我带他去看儿科，医生问我都用了什么办法来让小哈利吃饭。我说我想尽了所有办法，但他依然是把麦片打翻，弄得满地都是。医生建议我给他的麦片加些香蕉，可是，你知道哈利根本就不喜欢吃香蕉，当我把香蕉放入他的麦片时，他用小手挥着说我不要吃香蕉。呵呵，听起来怪可爱的。说起可爱，我的小哈利既可爱又聪明，他是我们这个街区最聪明的孩子了……”

听起来真是让人吃不消，这种没完没了的孩子话题，真是快要烦死人了。

更让人受不了的是，通常这种人总能将各种话题转移到她们所要说的话题上来，无论再怎样的不相关联，她们总能很有兴趣地将话题转移到她们的孩子上。

再深一步讲，其实这些人都是些心灵尚未成熟的人，因为他们根本不懂得如何为别人着想。

还有一些情况，比如，当你尽情欣赏最新的电影巨片时，坐在你身边的朋友往往会不厌其烦地把他们刚看过的电影情节，一丝不漏的向你从头讲到尾，这会让你气得用水瓶打他的头。

让你生厌的话题还很多，不仅仅包括孩子、电影等。对丈夫们或某个好朋友的工作，重新整修家具，甚至有可能包括家里的宠物狗。

还记得印象最深的一次是我在纽约的街头遇到了一位老朋友，他居然用了将近 40 分钟的时间向我描述他家那只小金丝雀。

3. 低调的态度

通常，这种人总是对世界抱着怀疑、悲观的态度。他们对什么都不感兴趣，觉得每个人都一无是处，倘若你要遇到这类人，和他有机会聊天的话，我敢保证，不出几分钟，你就会感觉格外压抑，这种低调会让你闷闷不乐，甚至窒息难耐。

我就认识这样一个人，每次见她都会感到不快乐，她总会讲一些自己的不幸，好像她天生就要遭遇不幸一样。

她一开始会这样说："我刚才逛街，想买件喜欢的衣服，但没有一个店员主动过来帮助我，她们甚至忽略我的存在。我在那里等了好几分钟，就是不见有人过来。她们不是没看见我，可能觉得我不像是有钱人吧，我真是气愤死了。而且我最近身体也不好，还有这倒霉的天气，雨一直下个不停。我尽管这么痛苦，但我的家庭却根本不关心我，我有时觉得活着太没意思了……"

这只是举一个小例子而已。只有你想不到的，没有他们做不到的，简直是无穷无尽。

无论是喜欢谈论自己孩子的母亲，还是喜欢向别人诉苦的人，只要他们一开口，就会把整个谈话气氛破坏，他们总是把自己放在主角的位置，而我们所做的唯有期盼这场长篇大论能尽早结束，得到心灵的解脱。

在我们要长篇大论时，对方有时会出现不自然的微笑或是眼神。当我们滔滔不绝时，对方也许已经坐立不安，心神不定。此时，我们就要停止长篇大论，或者立即转移话题，让对方有机会讲话。

还有一个迹象就是，对方总是不停地看手表。如果你不立即转移话题，那对方也许已经有些不耐烦了。公开演讲时，人们尤其要注意这种所谓的"看表征候"。

讲到这里，你也许会有疑问，这些到底和使我们更加成熟有什么关系呢？我们完全可以这样理解：言语的乏味能表现出讲话人缺乏想象力和理智性，其次是对人的敏感性，这对一个人是否自身成熟完善有着很大的阻碍。

言语乏味的人不但对自己一点不理解，不愿认识自己，也不怎么喜欢自己。因为他不知道怎样很好地把自己表现出来，所以在与别人交谈时，很难理解和满足他人的需要。当然，为了弥补他内心的空虚，他们往往将注意力集中在一些细小的事情上，所以沟通起来，他们的言语会与他们自身的精神层次一样的乏味。

言语的乏味仅仅是人格病态的一种症状，甚至是人格停止成长的一种可怕表现。

一个人如果想变得更加成熟，让心智继续成长，就要在与人谈话时不让人感到乏味。这样的谈论才会变得更有意义，与一个成熟而具有朝气的人谈话，应该说是件很幸福又有意思的事情。

所以，尽可能地让自己的说话有意思吧，我们一定要不断努力掌握好说话技巧，否则，终有一天会变成一位令人乏味的人。

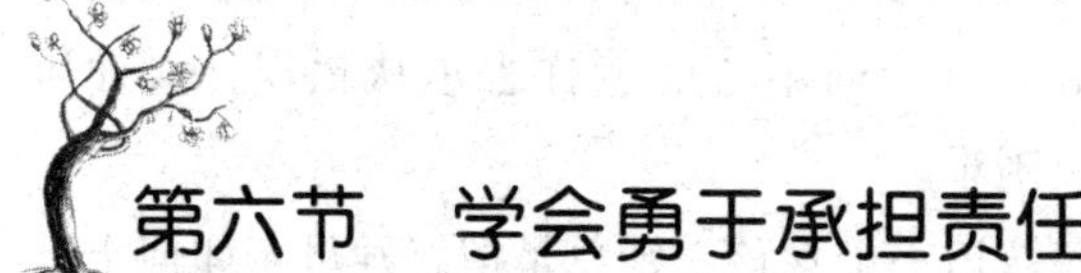

第六节　学会勇于承担责任

一个人迈向成熟的第一步应该是敢于承担责任。我们在世上走一遭，就要为生命中的许多事情负责任。

记得一次，我那刚学会走路的小女儿汉娜想将一把小椅子搬到厨房去找东西。我看到后很紧张地赶了过去，但在我赶过去之前，小汉娜就已经从那把椅子上摔了下来。我赶快把她扶了起来，问她有没有摔痛。只见我的小女儿怒气冲冲地向那把令她摔下来的椅子狠狠踢了一脚，而且嘴里面还不停地嘀咕着：“叫你再摔我，都怪你，摔得我好痛呀！”

其实，你如果常和儿童接触，就会看到他们时常有类似的举动。对于年幼的儿童来讲，这种做法没有什么不对的。他们年幼的思想中认为责怪那些东西或者毫不相干的人，仿佛就可以减轻伤痛一样，儿童有这种举动也实属正常。

可是，若到了成年以后，还有这种行为发生，那可就太不应该了。

作为一个成熟的人，我们首先要做的就是应该勇于承担责任。在面对大大小小应该由我们承担的责任面前，我们应尽力去承担，而不要像小孩子拿椅子出气那样不负责任。

在现实生活中，即便是成年人也会有推卸责任的事发生。其实想想原因是很简单的，因为责怪别人比自己承担责任要容易得多。我们中的一些人总是在抱怨别人。责怪父母、同学、朋友、儿女、配偶甚至整个社会。也许，对那些心智不成熟的人，永远都有理由为自己开脱，他们总是想着找各种各样的理由去说服自己推卸责任，而不考虑怎样去承认错误，直面困难，并最终去解决困难。

举例来说，我认识一个女孩，她总是抱怨她母亲如何干涉她的生活。事情是这样的，在女孩很小的时候，她的父亲就离她们而去了，剩下母女俩相依为命，承担家庭生活的重担就落在了她母亲一个人身上，于是她的母亲一方面要在外面辛苦地工作，一方面又要教育年幼的女儿。她母亲是那种非常要强的人。所以经过自己的奋斗，在工作上开拓了自己的一片天地，成了地道的女强人。在生活上，她非常细心地呵护着自己的女儿，不让她受一点风雨，让她受最好的教育，念最好的大学。但是她的女儿却并不喜欢这种被照顾的方式，反而把她母亲看作自己成长的最大障碍，心里总是抱怨她母亲。

这个女孩很悲观地认为，自己的行动被母亲的专制笼罩着，她总有一种时刻与母亲竞争的感觉。她的母亲总是很委屈地说："我搞不懂她到底怎么想的，我想尽办法让她生活得更优越，更疼爱她，我这样辛苦的工作完全是想给她创造更好的机会，可为什么却让她越来越有压力呢?"

这种情况并不少见，现在的父母想尽办法让子女过得更好，但是他们却还是要遭受来自儿女的指责与抱怨。这都表现出少年儿童的心智不成熟和心理的叛逆。她们把责任推给父母是很不应该的。

但是，有些情况却不同。比如伟大的乔治·华盛顿，他的出身并不富裕，父母也只是普通人，但是，他却能凭着自身惊人的力量推动历史，成为美国乃至世界著名的历史人物。林肯也是一样，在他的一次演说中，我们可以看到他勇于承担责任的伟大气概："我对全美国人民、基督教、人类历史及上帝——都负有责任。"

哈瑞·艾默生·福斯狄克在他那本《洞视一切》的书中说："斯堪的那维亚半岛人有一句俗话，我们都可以拿来鼓励自己：北风造就维京人。我们觉得，有一个很有安全感而很舒服的生活，没有任何困难，舒适而清闲，这些就能够使人变得很快乐，正相反，那些可怜自己的人会继续可怜他们自己，即使舒舒服服躺在一个大垫子上的时候也不例外。可是在历史上，一个人的性格和他的幸福，却来自各种不同的环境，好的、坏的，各种不同的环境，只有他们自己才能肩负起他们个人的责任。所以我们再说一遍：北风造就维京人。"

我的训练班中有一名女学员，一次下课后，她来到我的办公室找我。那时，我们正在讲如何更好地记住姓名，她的苦恼正是由于这点："先生，我真的是记不住那么多的名字，也别指望我能记住，这是我的一个大弱点。"

我疑惑地问她："为什么？别人都可以尽量做到呀！"

她很自然地回答我说："这是我家的遗传，我们整个家庭成员的记忆力都很差，所以别指望我在这方面能够有什么突破，我做不来的。"

"小姐，恕我直言，我认为你的问题好像不在遗传，也许是你自己的惰性在做怪吧？你以为责怪你的遗传因素比自己用心去记忆来得容易，所以你懒得去面对你的困难，不愿意突破自己。我想你应该努力去记忆，我也许可以帮你。"

于是，我认真地帮她做了几个简单的记忆训练，她听从了我的劝告，积极同我配合，十分专心地和我一起改进，所得的效果也很好。不过，要想让她完全改变原来的习惯，还是需要一段时间的，但是我至少让她在观念上有了转变。她运用我所教她的一些技巧，终于在记忆力方面得到了改善。

可见，任何习惯都不是天生的，都不是因为别的条件而形成的，所以只要承认缺点，承担起责任去努力地克服它，没有什么不可改变的。

当今，还有一种逃避责任的方法，就是去找一位心理医生，然后花上很长时间，向心理医生讲出自己面临的种种困难与问题，把自己的困难完全告诉心理医生，然后从医生口中寻求自己该怎样做。尽管这种方式相当的昂贵，但还是有许多人乐此不疲。

当然，我并不反对心理治疗这种方式。威廉医生在《乳儿精神病学》中有这样的阐述："目前日益增多的心理医生把大家宠坏了。"他指出，喜欢向心理医生求助的人总是为自己的弱点找个心理学上的借口，他们以此来寻找精神上的安慰，这样他们就不用费力地去面对任何需要面对的责任。

很早以前，英国的都铎王朝有一项习俗，就是每位有皇族血统的小孩儿都会记着一位所谓“挨鞭子的男孩儿”。身为皇族，自己的规矩有很多，所以作为皇家小孩儿，如果有任何冒犯行为，都会受到惩罚。为了让陛下遵守不冒犯皇族的规定，他们往往请一个“替罪羊”来承受皇室小孩儿的责罚。尽管是受罚，但这种职位却相当的受欢迎，甚至有些人抢着去做，这不仅因为有薪水可得，而且还可以为他们日后能到皇家工作做个铺垫。

尽管现在这种行业已经没有了，但这种找“替罪羊”的行为还在一些心智不成熟的人身上有所体现。这些人总是把许多东西当作责怪的对象，但就是不敢勇于承担自己的责任。在这些被视为造成人们诸多困难的外在因素中，许多人还将迷信的星相学或是命相学作为自身不是的理由。比如有些人说：“我的生辰八字就决定了我一生命运坎坷”，或者“我的星座就决定了我这种多变的性格”等等。这些都可以成为人们对许多困难与不幸的最常见的解释。

但莎士比亚却曾在《恺撒大帝》中有过这样一段精彩的话语：“亲爱的布鲁斯诺，这样的错误，并不应归结于我们所属的星座，而是我们养成的长期地听命的习惯。”

所以，对于那些希望自己的心灵不断成熟的人，他们最应该做的事情是：要勇于对自己的行为负责，不要总把责任推卸给别人。

第七节　不要理会你的烦恼

生活中，往往有很多烦恼在无形中纠缠着我们，使我们郁郁寡欢，疲惫不堪，甚至心力交瘁。而这些对我们的成长自然没有好处，怎样才能克服这讨厌的心情呢？让我来告诉你吧，那就是不要理会你的烦恼，如果可以，你应该试着心平气和地对待它，更应该解决。

伟大的心理学家阿佛瑞德·安德尔说，人类最奇妙的特性之一就是“把负变为正的力量。”20世纪，哈瑞·艾默生·福斯狄克把这句话又重说了一遍：“快乐大部分并不是享受，而是胜利。”这种胜利来自于一种成就感，一种得意，也来自于我们能把酸柠檬做成甜柠檬汁。尼采对超人的定义是：“不仅是在必要情况之下忍受一切，而且还要喜爱这种情况。”

那些事业有成的人之所以成功，有相当一部分人是因为他们开始的时候有些烦恼和困难，有些甚至有阻碍他们发展的缺陷，但他们却因此加倍努力，并因此而得到更多的报偿。正如威廉·詹姆斯所说的：“我们的缺陷对我们有意外的帮助。”是啊，烦恼、困难、缺陷没什么大不了的，只要你能以此为动力，化害为利。也许，很可能密尔顿就是因为瞎了眼，才能写出更好的诗篇来，而贝多芬是因为聋了，才能作出更好的曲子。海伦·凯勒之所以能有光辉的成就，可能也就因为她的瞎和聋的不幸所激励。如果柴可夫斯基不是那么的痛苦——而且他那个悲剧性的婚姻几乎使他濒临自杀的边缘，如果他自己的生活不是那么悲惨，他也许永远不能写出那首不朽的《悲怆交响曲》。如果陀思妥耶夫斯基和托尔斯泰的生活不是那样的充满折磨和荆棘，他们可能永远写不出那些不朽的小说。

“如果我不是有这样的残疾，我也许不会做到我所完成的这么多工作。”达尔文坦白承认他的残疾对他有意想不到的帮助。达尔文出生于英国的那一天，另外一个孩子出生在美国肯塔基州森林里的一个小木屋里，他的名字就是亚伯拉罕·林肯。如果他出生在一个贵族家庭，在哈佛大学法学院得到学位，而又有幸福美满的婚姻生活的话，他也许绝不可能在他心底深处写出那些在盖茨堡发表的不朽演说，也不会有在他第二次政治演说中的那句如诗般的名言——这是美国的统治者所说过的最美也最高贵的话：“不要对任何人怀有恶意，而要对每一个人怀有喜爱……”

假设我们因烦恼而颓丧到极点，觉得根本不可能把酸柠檬做成甜柠檬汁。那么，下面是我们为什么应该试一试的两点理由——这两点理由告诉我们，为什么我们只会赚而不会赔。理由第一条，我们可能成功。理由第二条，即使我们没有成功，只有试着要化负为正的企图，才能使我们向前看而不会向后看。所以，用肯定的思想来替代否定的思想，能激发你的创造力，能刺激我们忙到根本没有时间，也没有兴趣去忧虑那些已经过去和已经完成的事情。如果我们能够做到，我们会把威廉·波里索的这句话刻在铜板上，挂在每一所学校里：“生命中最重要的一件事，就是不要把你的收入拿来算作资本，任何傻子都会这样做。但真正重要的事是要从你的损失里获利，这就需要有才智才行，而这一点也正是一个聪明人和一个傻子之间的区别。”

我的另外一个朋友，露西莉·布莱克，在学会怎样以自己所有的为满足，不为她所缺少的而忧虑之前，几乎濒临悲剧的边缘。下面是布莱克的经历：

“我的生活一直非常忙乱，在亚利桑那大学学风琴，在城里开了一间语言学校，还在我所住的沙漠柳牧场上教音乐欣赏的课程。我参加了许多宴会、舞会，还在星光下骑马。有一天早上，我整个垮了，我的心脏病发作。‘你得躺在床上完全静养一年。’医生对我说。他居然没有鼓励我，没有让我相信我还能够健壮起来。”

“在床上躺一年，做一个废人，也许还会死掉，我简直吓坏了。为什么我会碰到这样的事情呢？我做错了什么？我又哭又叫，心里充满了怨恨和反抗，还有绝望。可是我还是遵照医生的话躺在床上，我的一个邻居鲁道夫先生是个艺术家。他对我说：‘你现在觉得要在床上躺一年是一大悲剧，可是事实上不会的。你可以有时间思考，能够真正地认识你自己。在以后的几个月里，你在思想上的成长，会比你这大半辈子以来多得多。’我平静了下来，开始想充实新的价值观念。”

“我看过很多能启发人思想的书。有一天，我听到一个无线电新闻评论员说：‘你只能谈你知道的事情。’这一类话我以前不知道听过多少次，可是现在才真正深入到我的心里。我决心只想那些我能赖以生活的思想——快乐而健康的思想。每天早上一起来，我就强迫自己想一些我应该感激的事情：我没有痛苦，有一个很可爱的女儿，我的眼睛看得见，耳朵听得到，收音机里播放着优美的音乐，有时间看书，吃得很好，有很好的朋友，我非常高兴，而且来看我的人很多。从那时候开始到现在已经有九年了，我现在过着丰富又很生动的生活。我非常感激躺在床上度过的那一年，那是我在亚利桑那州所度过的最有价值、也最快乐的一年。我现在还保持着当年养成的那种每天早上算算自己有多少得意事的习惯，这是我最珍贵的财产。我觉得很惭愧，因为一直到我担心自己会死去之前，才真正学会怎样生活。”

罗根·皮尔萨尔·史密斯用很简单的几句话，说出了一番大道理。他说：“生活中应该有两个目标。第一，要得到你所想要得到的；然后，在得到之后要能够享受它。只有最聪明的人才能做到第二步。”你想不想知道怎样把在厨房水槽洗碗也当作一次难得的经验呢？如果你想的话，可以去看一本谈论令人难以置信而很富启发性的书。作者是波纪儿·戴尔，书名叫作《我希望能看见》。这本书的作者是一个几乎瞎了五十年之久的女人，“我只有一只眼睛”，她写道，“而眼睛上还满是疤痕，只能透过眼睛左边的一个小洞去看。看书的时候必须把书本拿得很贴近脸，而且不得不把我那一只眼睛尽量往左边斜过去。”可是她拒绝接受别人的怜悯，不愿意别人认为她“异于常人”。小时候，她想和其他的小孩子一起玩跳房子，可是她看不见地上所画的线，所以在其他的孩子都回家以后，她就趴在地上，把眼睛贴在线上瞄来瞄去。她把她的朋友所玩的那块地方的每一点都牢记在心，所以不久就成为玩游戏的好手了。

她在家里看书，把印着大字的书靠近她的脸，近到眼睫毛都碰到书本上。她得到两个学位：先在明尼苏达州立大学得到学士学位，再在哥伦比亚大学得到硕士学位。她开始教书的时候，是在明尼苏达州双谷的一个小村里，然后渐渐升到南德可塔州奥格塔那学院的新闻学和文学教授。她在那里任教了十三年，也在很多妇女俱乐部发表演说，还在电台主持谈书本和作者的节目。“在我的脑海深处”，她写道，“常常怀着一种怕完全失明的恐惧，为了克服这种恐惧，我对生活采取了一种很快活而近乎戏谑的态度。”

在1943年，也就是她52岁的时候，一个奇迹发生了。她在著名的梅育诊所施行一次手术，使她能看得比以前清楚四十倍。一个全新的、令人兴奋的、可爱的世界展现在她的眼前。她现在发现，即使是在厨房水槽前洗碟子，也让她觉得非常开心。“我开始玩着洗碗盆里的肥皂沫，”她写道，“我把手伸进去，抓起一大把肥皂泡沫，我把它们迎着光举起来。在每一个肥皂泡沫里，我都能看到一道小小彩虹闪出来的明亮色彩。”

你和我应该感到惭愧，我们这么多年来每天生活在一个美丽的童话王国里，可是我们却在混日子，看不见生活的美丽，吃得太饱，而不享受。要得到快乐请记住这条规则：“算算你的得意事——而不要理会你的烦恼。”那你就超越了自我，甚至会超越生命。

第四章　如何更好地说服他人

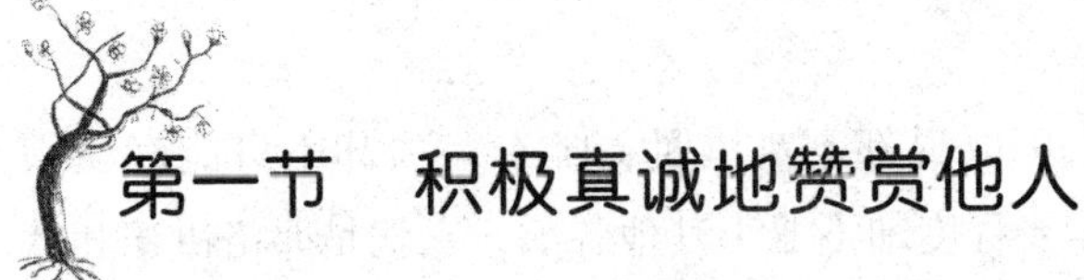

第一节　积极真诚地赞赏他人

人世间，只有一种办法，可以让人做任何事情。那么，这种办法究竟是什么呢？是用武力威逼吗？还是利用手中的职权强迫员工服从你的命令吗？又或是恫吓一个小孩子听从你的话？也许这些都有可能让他人去听你的指令做事，但我敢肯定，这些方法都是很愚蠢的，而且都会带来极为不利的后果。

那么，究竟什么方法是最好的呢？那就是给别人所最需要的。可是，一个人又到底最需要什么呢？

奥地利著名的心理学家弗洛伊德认为，我们每个人做事的动机源于两点：一是人本能性冲动，还有一个是渴望伟大。美国伟大的哲学家约翰·杜威则认为，人类本性中最深刻的驱动力就是希望受到重视，注意这句话："希望受到重视。"这点很重要，下文还会常常提到。

一个人的存在，究竟会需要什么？实际上，我们需求的并不多，归纳一下，也就是这么几种东西是真正不可或缺的：

生命的保证和健康的身体

食物的供给

充足的睡眠

金钱以及金钱所能买到的东西

未来生活的保障

性生活的满足

下一代的幸福

被人重视的感觉

这些需求可以说都不难满足，唯有一项却不可能轻易满足。但它的需要程度却不亚于其他各项，它就是弗洛伊德和杜威说得那样，即被人重视的感觉。

所以，当你要劝说某人去做某件事时，在你尚未开口之前，我们不妨先真诚地赞赏他一番。

记得小时候在密苏里州的农场里，父亲精心饲养了品种优良的猪和牛，并且几度在乡间家畜大赛中夺得蓝缎带奖。每当家里来客人时，父亲就把这些奖章别在一大块白布上拿出来向客人展示，让朋友们观赏。

其实，获得大奖的猪牛们并不在乎这些奖章，因为它们毕竟是牲畜，而这些奖励对于父亲而言却是十分珍贵的。正因为如此，他被人尊重，受人重视。

如果我们的祖先不具备这样的“自重感”，我们的文明就不会产生，这也就和动物没有什么区别了。

恰恰是这种“自重感”，促使了一位家境贫困，没有受过教育的杂货店店员，在一个堆满杂物的储物间的大箱子中找出那本他用伍角钱买来的法律丛书，认真钻研，最终学以致用，他就是林肯。同样是这种“自重感”，促使了英国著名文学家狄更斯的成功。洛克菲勒也在具备了这种渴望以后成了富裕者。

历史上，有许多知名人士，也同样是为自重而活。乔治·华盛顿让别人称他为至高无上的总统；哥伦布要求赐予他“舰队总司令”的头衔；女皇凯瑟琳拒绝拆阅没有标明“女皇陛下”的信函；在白宫里，林肯夫人对格兰特夫人大吼道：没有我的邀请，你怎么敢坐在这里。

作家雨果甚至希望自己居住的巴黎市能改名为雨果市；莎士比亚也希望自己能够获得一枚象征荣誉的徽章来为自己的家族添光。

还有一种情况，就是精神方面的。有专家指出，人会在精神异常的幻觉中来肯定自己，在美国很多医院中，精神疾病的患病比例要比其他疾病总和还要多。

事实上，在患精神疾病的诸多因素中，有一半原因归入生理因素；而另一半则不是。那么造成精神失常的另一半原因是什么呢?

一家医院的精神科极有权威的医师说，许多精神失常的人，在他们自己所编造的幻境中，找到了自己在真实世界中无法获得的自重感。就这种情况，他给我讲述了下面一个真实的案例：

我有一个女病人，她是个婚姻的失败者。她极需得到爱、孩子和社会地位。但是，现实生活没能让她如愿。她得不到丈夫的疼爱，甚至她的丈夫不想与她共进午餐，但是还硬要她把饭端到他面前食用。而且，更可悲的是她没有孩子，社会地位更不用说了。在这种种的不如意中，她终于疯了，整日沉浸在她自己编织的幻境当中。在她自己虚幻的世界中，她与丈夫离婚了，并且有一位绅士正在狂热的追求自己，他们结了婚，并有了温暖的新生活，而她还被称为史密斯夫人。与此同时，她还梦想自己有了一个小孩儿，每次看病，她都高兴的对我说她生了个孩子。

你认为这故事悲惨吗？没有人能回答。医师说，我可以为她治疗。但实际上，我并不想那样做，我不忍心让她失去她那“快乐”的生活。

在我们身边，这种情况尽管不多，可却十分可怕。但是我们有没有想过，要是我们在这些人未发疯之前给予她们适当的真诚的赞赏，那么，能拯救多少人呀！

美国著名小说家柯恩是个铁匠的儿子，终其一生，他也没有受过八年以上的教育，可是在他去世的时候，他却是世界上一位最富有的文人。

具体情形是这样的，柯恩喜欢诗词，所以他读尽了罗赛迪的诗。甚至还写了一篇演讲稿，歌颂罗赛迪学术上的成就，并且还送了一份给罗赛迪。罗赛迪很高兴，他表示：一个年轻人，对我的才学有这样高超的见解，他一定很聪明。

罗赛迪就请这个铁匠的儿子来伦敦，当他的私人秘书。柯恩一生的转折点，就在这时候。他在这个新的职位上，见到了许多当代的大文豪。受到他们的指导和鼓励，顺利地开展他的写作生涯，使他享名海内外。

他的故乡在格利巴堡，现在已是旅游的圣地，他遗产有二百五十万元，可是谁会知道，如果他没有写那篇赞赏名诗人的演讲稿，他很可能会默默无闻，最终因贫困而去世。

这就是真诚，一股出自内心的赞赏的力量。

让我们再举个例子吧。在美国商人中，施洛布的年收入可以算是高额的了。这要归功于卡耐基的赏识。他以年薪过百万美元雇用施洛布为他的钢铁公司的总裁。结果，正是这位38岁的总裁，使美国钢铁公司成为全美获得最大利润的公司之一。

那么，究竟是什么原因使施洛布能有如此辉煌的业绩呢!

施洛布说他并不比别人在钢铁方面的经验多，其实他手下有好多经验丰富的人才。他说他之所以能被重用，最主要的是他待人处事的特殊才能，他在人事方面十分看重方法。讲到这，他向我讲了一番至今让我难忘，甚至应该铭刻在铜牌上，悬挂在各个办公室、工厂、学校里的一段话：“我能够充分引发人们的激情，使他们能将自身的潜力发挥到极致。这种方法就是真诚地鼓励和赞赏！过分地责备与批评不会带来好的效果，反而会挫伤人的积极性。因此，我不给我的员工压力，也不批评他们。我充分相信赞赏的力量会让他们做得更好。假如要说我最喜欢的事，那就是赞赏他人。”

这就是施洛布的为人处事之道。平时，我们往往做不到这些。有些人正好相反，如果遇到不满，他们会大发脾气，表示不满。倘若是喜欢的，也不会多说一句赞赏的话语。

施洛布认为，在他所认识的人中，无论地位、身份如何，都和平常人一样：在受到认同赞扬的情况下比在批评下更容易成功。

而与此同时，雇用他的卡耐基先生也是这样对待施洛布的，他也是经常赞扬他人，甚至在他的墓文上，也刻着：“在这里躺着的是一位懂得如何与比他聪明的人相处的人。”

我们滋养我们的子女、朋友和员工的身体，却很少滋养他们的自尊心。我们供给他们牛肉和洋芋，培养精力，但我们却忘了给他们可以在记忆中回响好多年，像晨星之音的称赞。恭维对你是害多于益，恭维是假的，就像假钞一样，如果你要使用，最后总会使你惹上一身麻烦的。赞赏和恭维到底有什么区别呢？很简单。一个是真诚的，另一个是不真诚的；一个出自内心，另一个出自牙缝；一个为天下人所喜欢，另一个为天下人所不齿。

在墨西哥城的查普特培克宫，我见到了一尊奥布里冈将军的半身像。在那座半身像之下，刻着奥布里冈将军的哲学智慧之语："别担心攻击你的那些敌人。要担心恭维你的那些朋友。"英国国王乔治五世，在他白金汉宫书房的墙上，展示着一幅六句的格言。其中有一句是："教我如何不奉承也不接受廉价的赞美。"恭维只是廉价的赞美。"不论你使用什么语言，"爱默生说，"你所说的还是对你自己的写照。"如果只要恭维就能够达到目的，大家就会争相恭维起来，那我们就都是做人处世的专家了。

当我们没有思考一些确定的问题时，通常会把我们时间的百分之九十五用来想我们自己。现在，如果我们停止不想自己一会儿，开始想想别人的好处，我们就不会诉诸那些廉价的，还没有说出来就知道是虚情假意的恭维了。我们日常生活中最常常忽视的许多美德中的一项，就是对别人表示的欣赏和赞扬不知怎么回敬。当我们的儿子和女儿带回一份好的成绩单的时候，我们竟然忽视掉，而没有对他或她加以赞扬，或者是当他们第一次成功地做出一块蛋糕或做好一个鸟笼的时候，我们却没有给他们一番鼓励。没有任何东西比父母对子女的这种关注和赞扬更能使他们感到快乐了。

每一位传教士、教师以及演讲的人，都曾经历过掏出肚子里所有的东西却没有得到听众一句赞扬的事情。在人际关系方面，我们应该永远不要忘记我们所有的同事都是人，也都渴望别人的欣赏和赞扬。欣赏和赞扬是所有的人都欢迎的东西。

爱默生说过："我所遇见的人们，他们中间都有我的老师，因为我都能从他们身上学到或多或少的东西。"这句话对爱默生来说是可行的，而对于我们来说也是如此，我们应该积极地发现别人的闪光点，接着真诚地赞赏他人，而不是曲意逢迎于他人。

而在我们的生活中，人们总是忘记真诚地赞赏别人。如果我们在餐厅用餐后记得赞赏一下厨师的厨艺，或者在超市结款时多说声谢谢，这样生活会更加美好。所以，不要忘记给他人留一点赞美的火光。这一小点火光会燃起友谊的火焰。当你再一次光顾时，你会发现赞扬会给你带来更多的快乐。

如果你用语言伤害了他人，是不会鼓舞他的志气的。有一条格言我把它贴在我的床前，每天都会阅读几次：

在你每天所到的地方，不妨多说几句感谢的话，留下一些友善的小小火花。你将无法想象，这些小小的火花如何点燃友谊的火焰，而当你下次再到这个地方的时候，这友谊的火焰就会照亮你。在我们有限的生命中，任何的赞赏与行善，我们都不要放弃。别再犹豫，别再徘徊，积极地面对我们快乐的人生吧！

记住，请别再让我们总是去要求，去索取，而是尽可能地去发掘他人的发光点，并且真诚地赞赏他们。记住真诚地赞赏他人比什么都重要。

第二节　让别人感觉到他的重要

现实生活中，有些人之所以会出现交际的障碍，就是因为他们不懂得或忘记了一个重要原则——让他人感到自己的重要。我们乐于表现自己，喜欢夸夸其辞，这是在向他们表明：你们确实不重要，这样就会伤害到别人，所以正确的做法是也应该让别人感觉到他的重要。

我在纽约的三十三号街和第八号路口的交叉处的邮局里，依次排队，等着要发一封挂号信，我发现里面那个邮递员，对他的工作显得很苦恼：秤信的重量，递出邮票，找给零钱，分发收据，这样单调地工作，要一年接一年地做下去。

所以我对自己说："我要让那人喜欢我，就必须要说些有趣的事，那是关于他的，不是我的。"于是我又问自己："他有什么地方可以值得赞赏的?"这是个很不容易找出答案的难题，尤其对方是个素昧平生的陌生人。可是很容易的是，我有了一个发现，我从这邮递员身上，找出一桩值得称赞的事了。

当他秤我的信时，我很热心地说："我真希望有您这样一头好头发!"

那邮递员把头抬了起来，换出一副笑容来，很客气地说："没有以前那样好了!"我很确切地告诉他，或许没有过去的光泽，不过现在看来依然很美。他非常高兴，我们愉快地谈了几句，最后他对我这样说："许多人都称赞过我的头发。"

我敢打赌，那位邮递员中午下班去吃午饭的时候，他脚步就像腾云驾雾般地轻松。晚上回到家里，他会跟太太提到这件事，而且还会对着镜子说："嗯，我的头发确实不错。"

我曾在公共场所，讲过这个故事，后来有人问我："你想从那个邮递员身上得到些什么?"

我想得到些什么？我想要从那个邮递员身上得到些什么？

如果我们是那样的卑贱自私，不从别人身上得到什么，就不愿意分给别人一点快乐，假如我们的气量比一个酸苹果还小，那我们所要遭遇到的，也绝对是失败。每个人都有自身的优点和闪光点，每个人都有特定的重要性，只不过或多或少而已。

嗯，是的，我确实想要从那人身上得到些什么！我想要获得一些极贵重的东西，而我已经得到了——我使他感觉到，我替他做了一件不需要他报答的事。那件事，即使过了很久以后，但在我的回忆中，依然会闪耀出光芒来。

人们的行为，有一项绝对重要的定律，如果我们遵守这项定律，差不多永远不会遇到烦忧。事实上，如果遵守这项定律，会替我们带来无数的朋友和永久的快乐。可是如果违反了那项定律，我们就会遭遇到无数的困难。这项定律是：永远使别人感觉重要。

杜威教授曾这样说过：“自重的欲望，是人们天性中最急切的要求。”贾姆斯博士说：“人们天性的至深本质，是渴求为人所重视。”我曾经说过，人与动物相异之处，就在于自重感的有与无，而人类的文化也是由此而起的。

哲学家们对于人类关系的定律，思考了数千年。而所有的思考只引证出一条定律。那项定律不是新的，它跟历史一样的古老！三千多年前，索罗亚斯特把那条定律教给所有拜火教徒。二千多年前，中国的孔子也这样教导他的门生，道教始祖老子也这样教他的门徒。纪元前五百年，释迦牟尼也把那条定律留传人间。耶稣把那条定律综合在一个思想中——那是世界上一项最重要的定律：你希望别人怎样待你，你就该怎样去对待别人。

你想要跟你接触的人都赞同你，你想要别人承认你的价值，你想要在你的小世界里，有一种自重感。你不希望受到没有价值、不真诚的阿谀，你渴求真诚的赞赏。你希望你的朋友，就像司华伯所说的：“诚于嘉许，宽于称道。”所有的人都需要这些。如何做？何时做？在什么地方做？这个答案是：随时随地让别人有自重感。

克劳尔是一家大酒店的经理。一天，他收到了一封辞职信，这使他十分吃惊。因为辞职的波蒂女士是公司主要职员，也是克劳尔的得力助手，她在公司工作了将近5年之久。

克劳尔对波蒂女士不薄，但是对她的要求却也不低，也许波蒂女士的压力过于繁重，以至她申请辞职。但是，克劳尔十分不愿意失去这么一位优秀的得力助手。于是他准备和波蒂女士深谈一次。他见到波蒂，认真地问她："你的辞呈来得太突然了，我真的不能接受。你知道你对公司实在是太重要了，你是不可或缺的。"事后，在饭店的各种重要会议中，克劳尔都强调波蒂女士的重要性，而且，经常邀请波蒂女士到他家中做客，赞赏她工作的重要性，并且坦诚地表示自己对她的信任。

经过克劳尔的不懈努力，被感动的波蒂女士终于收回了她的辞呈，并且更加尽力地为饭店做事。克劳尔对此相当的满意，并且经常肯定波蒂的工作，并强调她的工作重要性。

因此，能让别人感到重要性，对自己也相当重要，至少做事情会顺利得多。

譬如：我们要一份法式的炸薯条，而那个女服务生为你端来了煮了的马铃薯，在那时候，我们就不妨这样说："对不起，要麻烦你了，我要的是法式的煎马铃薯。"她会回答一点也不麻烦，并且很乐意替你去更换，因为你先尊重了她。

平时客气的话，像"对不起，麻烦你，请你，你会介意吗？谢谢你！"这些简短的话，可以减少人与人之间的纠纷，同时也可以自然地表现出高贵的人格来，不仅如此，更是尊重了他人，让他人充分感到自重感，事情也会迎刃而解。

让我再举一个例子。这是纽约一位园艺设计家麦克乌霍所说的情形：

在我听了“如何交友和影响他人”的演讲后不久，我替一位著名的司法官设计园景，那位司法官出来提出他的建议，在什么地方该栽种些什么花。

我说：“法官，你有很好的业余嗜好，你那几条狗都很可爱，我听说你曾得过很多次赛狗会中的蓝丝带奖。”

我这句话果然出现了效果，那位司法官说：“是的，我对养狗很感兴趣，你要不要参观我的狗舍。”

他费了差不多一个小时的时间，带我去看他的狗和他所得的许多奖状。他拿出有关那些狗的血统系谱，告诉我每条狗的血统，由于有优越的血统，所以他豢养的狗都活泼可爱。

最后他问我：“你有没有小男孩？”我告诉他有的。

他接着问我：“你孩子会不会喜欢小狗？”

我说：“嗯，是的，我相信他一定会喜欢的。”

司法官点头说：“那太好了，我送他一只。”

他告诉我如何豢养小狗，顿了顿又说：“我这样告诉你，你很快就会忘了，让我写下来给你。”

那位司法官回到屋里，把他要送我的那只小狗的血统系谱和喂养方法，用打字机很清楚地打了出来，然后给我一只价值百元的小狗，同时还浪费了他一小时又十五分钟宝贵的时间。正因为我真诚地听从他，让他说他乐意说的事，并且使他有了自重感、成就感，我也就得到了一些宝贵的东西。

人类本质里最深层的驱动力就是希望具有重要性。所以，如果你要想别人更好地对待你，你就必须真诚地做到：使别人感觉他的重要。

第三节　引起别人的渴望

为什么我们只谈自己所要的呢？当然，你注意你的需要，你永远在注意。但别人对你却漠不关心。要知道，其他的人都像你一样，他们关心的只是他们自己。

世界上唯一能影响对方的方法，就是谈论他所要的，而且还告诉他，如何才能得到它。

明天你要别人替你做些什么时，你要把那句话记住！不论你是应付孩子，或是一头小牛、一只猿猴，这是值得你所注意的一件事。

有一次，爱默逊和他的儿子，要使一头小牛进入牛棚，他们犯了一般人所有的错误，只想到自己所需要的，并没有想到那头小牛身上。爱默逊在后面推，他儿子在前面拉，而那头小牛正跟他们一样，也只想它自己所想要的，坚持拒绝离开那块草地。

旁边那个爱尔兰女佣人，虽然不会写书做文章，可是至少在这次，她懂得牛马牲口的感受和习性，她知道这头小牛所需要的是什么。于是，这个女佣人把她的拇指放进小牛的嘴里，让小牛吮吸她的拇指，然后温和地引它进入牛棚。

从你来到世界上这一天开始，你所有的举动，出发点都是为了你自己，都是因为你需要些什么。

关于人与人之间，建立关系的艺术，这里有一个很好的建议，那就是，要想别人所想，引起他人的渴望。

今天成千的推销员，疲倦，沮丧，酬劳不足，徘徊在路上！那是什么原因？由于他们永远只为他们所需要的打算、着想，而没有注意到，他们所推销的是不是我们所需要的东西。

如果我们要买我们需要的东西，会自己出去买，原因是我们所注意的，是如何解决自己的问题。假如有个推销员，他的服务和货物确实能够帮助我们解决一个问题，他不必喋喋不休地向我们推销，我们就会买他的东西。顾客喜欢自己主动买，而不是由于推销才买。

但有很多人，费去一生的光阴在做销售工作，却不站在买主的立场论事。

现在有这样一个例子。

我住在大纽约中心的林邱住宅区。有一天，我正走向车站的时候，碰巧遇到一个经营房地产的代理人，他在长岛一带做房地产买卖，已有很多年了。他对我住的那个林邱住宅区很熟悉，所以我问他，我住的那种房子是用什么材料建造的。他回答我不知道，可是他可以去问我那住宅区的询问机构。

第二天早晨，我接到他一封信，他是要把我想知道的事告诉我。其实并不需要写信，花 60 秒钟时间，挂个电话给我就行了。但他没有这样做，还是叫我去问那个询问机构，最后却还要我办理他的保险业务。

他并没有注意到如何帮助我，他只是注意帮助他自己，也没有想到人家需要什么。

我该给他两本梵许·杨名著的小册，那是《去赐予》和《幸运的分享》。他如果看了那两本书，而又能履行书中的哲学，相信他会有千倍办理保险的利益收入。

那些专业的人们，往往也犯有这种同样的错误，那是数年前的事，我去费城一位著名的喉鼻科医生的诊疗室，这位医生还没有诊看我喉间扁桃腺前，问我职业是什么。他不去注意我扁桃腺的大小，而注意我钱袋的大小。他所关心的，不是帮助我，替我解决一个问题，最使他关心的，是能从我钱袋里得到多少钱。结果，他什么也没有得到，我轻视他人格的欠缺，放弃请他诊治的打算，就走出了他的诊疗室。

世界上充满了这样的人：掠取、自私。可是那些不可多得的，不自私的，服务他人的人，却相反地获得了很大的利益。欧文·杨曾经这样说过："一个人能置身于他人境地，能了解他人意念活动，他不必考虑到将来的前途如何。"

如果看这本书，你只获得一件事——你会永远站在别人立场去打算、设想，并由对方的观点，去观察事物的趋向。如果你真获得了这本书上的那件事，那就是你一生事业转折的关键。

许多人受过大学教育，研钻深奥的学问，可是，他们从未发现，自己的心是如何起作用的。

有一次，我替一些大学毕业，已在一家冷气装置公司工作的年轻职员，举行一种"有效力的演讲术"的课程，我找出一项资料，做个比喻：

训练班中有一位学生，忧虑他的孩子；原因是这孩子体重很轻，不肯乖乖地吃东西。孩子的父母通常是这样责骂他，母亲要他吃这个那个！父亲要他快快长大成人！

这孩子会注意到这些话吗？他不会注意这些，也就像你不会去注意那跟你漠不相关的一次盛宴一样。

一个没有一点常识的父亲，会希望一个三岁的孩子，能对三十岁父亲的见解有所反应。可是那个父亲最后觉察出来，那是不合情理的。所以他对自己说："那孩子需要的是什么？我如何将我所需要的和他所需要的连结起来？"

他开始想到那点时，问题就容易解决了。他孩子有一辆三轮脚踏车，那孩子喜欢在屋前人行道上踩着这辆三轮车玩儿。间隔他们几家的一个邻居家里，有个很坏的大孩子，他常把那小孩子推下三轮车，自己骑上。

那小孩儿哭着跑回来，告诉自己母亲，他母亲出来，就把那很坏的大孩子推下三轮车，再让自己孩子坐上车子，像这样的情形，每天都发生。

这小孩儿所需要的是什么？这问题不需要做深奥的探索。他的自尊，他的愤怒，他求得自重感的欲望，他本质中最强烈的情绪驱使他想报复、痛击这很坏的大孩子的鼻子！

如果他父亲这样告诉他，只要吃母亲要他吃的东西，他就会快快长大，将来可以把这个很坏的大孩子一拳打倒。当他父亲应许他那件事后，已不再是饮食的问题了！这孩子可能什么都爱吃了，菠菜、白菜、咸鱼和任何其他食物。他希望自己快快长大，去打那个一再欺侮他的大孩子。

当那问题解决后，又有另外一个问题，困扰了这位父亲，这小男孩儿有遗尿湿床的坏习惯。

小男孩儿跟他祖母一起睡，祖母早晨醒来，摸摸床单，向小男孩儿说："你看，强尼，昨夜你又干了些什么？"

强尼总是这样回答："不，没有，我没有尿床，那是你尿的。"

家里父母亲打他，骂他，他母亲无数次地告诉他，要他别那样，可是强尼没有改过他这个尿床的坏习惯。所以强尼的父母亲自问：如何让强尼这孩子改掉尿床的坏习惯？

强尼他所要的是什么？第一，他要穿上像父亲一样的睡衣，而不愿意穿上像祖母那样的睡袍。祖母已受够了他夜晚的捣乱，使她每夜不能舒服地入睡，所以强尼如果改去他那种坏习惯，她乐意替他买套睡衣。第二，他要一张属于他自己的床，祖母对这件事也不反对。

母亲带强尼去了一家百货公司，示意柜台女售货员说："这位小绅士要买些东西！"

女售货员使他感到自重地问："年轻人，你要买些什么？"

强尼提起脚跟，站高了些，说："我要替我自己买张床。"

当强尼看到他母亲喜欢他买的床时，强尼母亲向女售货员又使了个眼色，女售货员就向强尼说出那张床的可爱和实用，这张床就买了下来。

床被送到的当天晚上，在父亲回家的时候，强尼奔到门口，大声叫着说："爸爸，快上楼来看，我自己买的床！"

父亲看到那张床，想到司华伯所说过的话，就对这小男孩儿点头赞许。

他问儿子："强尼，你不会再弄湿这张床了，是不是？"

"噢，不，不，"强尼连连摇头说，"我不会再弄湿这张床的。"由于他自尊心的关系，这孩子遵守了自己的诺言，强尼再也不尿床了。因为那是他的床，他自己买的。现在强尼穿起睡衣，就像个小大人一样，他要做个大人，他做到了。

每个人都有自己的想法，也都会有自己想要的东西，在处理事情的时候，我们如果一味地考虑自己而忽略他人的想法，就有可能把事情搞砸，所以我们不妨从他人方面考虑，如果能激起他人的欲望，同时又合乎他人的心理，那么一切都不在话下。记住，在人际交往中，要学会巧妙地左右逢源，引起别人的渴望。

第四节　给予他人高尚的头衔

给予他人高尚的头衔，就像是用“灰姑娘”中的魔法棒，点在他身上后，会使其全身焕然一新一样。

雷布里在《我与马德琳的生活》一书中描述了一名地位卑微的比利时女佣惊人的转变过程。

他在书中这样写道：在我居住的公寓对面有一个女佣，她是对面餐厅的服务生。每到用餐时，她都把饭菜拿到我的寓所。她常被人们称为“洗碗的玛丽”，因为她一直在厨房里做洗碗的助手。她长着一幅吓人的面孔，斜眼、外八字脚、瘦得像柴火，而且整日一幅迷迷糊糊没睡醒的样子，可以说既没头脑又没姿色。

有一天晚上，玛丽照样给我端来了可口的晚餐。当她拿起一盘沙拉正要端给我时，我突然忍不住对她说出了我的想法：“玛丽，你知道吗？其实你是很有内在美的，只是你一直都没有感觉到，也许你可以让这些都展现出来。”

玛丽此刻仿佛凝固了似的呆了好一会儿，要知道，她总是压抑自己的感情，更不用说将自己的感受表露于色了。她生怕有什么不好的事情发生，大气都不敢喘，过了好一会儿，她缓过神来，将手里的沙拉端到我桌前，怯怯地对我说：“可是我一直都不相信我有什么内在的东西呀？”

面对自己的不足，她没有丝毫的怀疑，也没有提更多的问题，然后便有些不自然地回到了餐厅，但有一点她相信，我一定不是有意和她开玩笑才那样说的。

从那天起，玛丽身上发生了细小的变化。也许是她回家后一直在回想着我对她的评价，也许自此，她真的有效的重新审视了自己。她的神奇的变化是从她的服饰开始的。那次谈话后，她非常注重修饰自己的面容，服装也开始穿得得体大方了。她青春的魅力渐渐地开始绽放，这使她身边每个人都有所察觉。大家也开始慢慢接近她并尊重她。

两个月后，当我要离开那个住处时，玛丽兴奋得前来向我道喜，她幸福地告诉我她就要和厨子的侄子结婚了。她那满脸喜悦的心情让我倍感欣慰。我眼前的这个女孩子再不是那个两个月前邋遢没自信的女孩儿了，她变成了一个人见人爱的淑女。

雷布里仅用一句简短的话语就让玛丽有了巨大的精神飞跃，她给玛丽戴了一顶高帽子，从而也改变了她的一生。

让我来举个例子。

利克是印第安那州一家卡车经销公司的服务经理。在他的工厂里，有一位工人工作没有从前认真了，总是心不在焉。作为主管经理的利克并没有采取直接批评的方法去说服那位工人认错，而是用一种缓和的态度把那位工人叫到自己的办公室，与他坦诚地谈了起来。

利克肯定了那位工人的成绩："比尔，你可是咱们公司最棒的技工，你来公司这么多年，经你手修过的车子总是让顾客满意而归。在车间里，很多年轻的工人都以你为榜样，羡慕你手艺高超。可是最近我发现你的工作时间加长了，而且有好多次都没有完成任务，质量也有所降低。这比起你原来的成绩有好大差距，想必你也知道我对此有些不满，我想一定有什么原因让你分心了，让我们一起想办法改进这种状态吧。"

比尔听了利克的话后，十分惭愧。他感到自己没有尽到职责，他向上司保证以后一定改正工作态度，提高工作效率。因为他做的是他非常熟练的专业技术工作，并没有超出他专业范围，他相信自己能行的。

到后来，比尔的工作效率大为提高。他按利克说的认真地改正了不好的工作态度。工作效率又同从前一样高了。因为他曾经是一位很优秀的技工，利克给了他工作的赞誉，使他向着这一赞誉而更加的努力工作。

假如你希望能在领导领域有所突破，希望能更有效地改变别人的态度与行为，那么就记住："给他一个美名，让他为此而奋斗。"

纽约布鲁克林一所小学的四年级教师霍金斯太太，在新学期看过学生名单后，脸上多了一丝愁云：因为今年所教的学生中有一位全学校出了名的顽皮"小捣蛋"——汤姆。他三年级的老师曾不断地向校长和同事们抱怨，只要有人听，他就会讲汤姆有多坏，说他擅长恶作剧，跟同学打架，欺侮女生，对老师无理，扰乱课堂秩序等等，只要他能想到的最坏的事情，他都会全部地做出来。但是有一点她忽略了，那就是尽管他十分捣蛋，但是也相当的聪明，只要学校教的功课，汤姆很快便能学会，并掌握得十分熟练。

霍金斯太太决定将汤姆的问题立刻解决。在第一节新生见面课上，当她点名时，她是这样开始的："莉莉，你今天的裙子真漂亮。埃西雅，听说你在绘画方面有天赋。当念到汤姆时，她微笑地对他说："汤姆，我知道你有天生的领导能力，今年，我要靠你的力量把咱们这个班变成年级最优秀的班级，我要选你为班长。"

霍金斯太太在开学的第一天就给汤姆这么大的鼓励，并肯定了汤姆是一位优秀的好学生。有了一个值得激励的美名，这个九岁大的男孩儿果真没有让信任他的老师失望。

有句古话说道："假如不给一条狗取个好听顺耳的名字，不如勒死它算了。"

不管穷人、富人、乞丐、盗贼，他们每个人都想要尽力保住别人赠予他"诚实"的美誉。

辛辛监狱的监狱长说："如果你要对付盗贼或骗子，仅有一个方法可以控制他，那就是待他如一个诚实、得体的绅士，认为他是个正人君子，他肯定会受宠若惊，会满足于人们对他的信任。"这句话说得实在太好了。

给他人一个好的名誉去实现，他便会尽力去做，而不愿看到你失望。

第五节　使人们乐意做你所要的事

1915年，美国举国震惊，因为正值一战期间，欧洲各国彼此残杀，规模之大，为人类战争史上所罕见。和平能实现吗？没有人知道。可是，威尔逊总统决心为这件事而努力，他要派一个代表，一个和平专使，去和欧洲那些军阀们会商。

当时国务卿勃雷恩，是主张和平最有力的人，他希望为此事奔走。他看出这是个绝好的机会——可以完成一个名垂后世的伟大任务。可是威尔逊总统却派了另外一个人，那是勃雷恩的好友郝斯上校。郝斯上校如果把这件事告诉勃雷恩，而又不惹起勃雷恩的愤怒，是很不容易做到的事。

郝斯上校的日记上写着：当勃雷恩听说我要去欧洲担任和

平专使，他显然感到极大的失望。勃雷恩表示，这件事原本他是准备自己去的。我回答说，总统认为一位政府大员担任这件事，是非常不适宜的。如果去了那里，会引起人们极大的注意——美国政府怎么派一个国务卿来参商此事？

你是否看出这句话中的暗示？郝斯上校似乎在告诉勃雷恩他的职位是何等重要，担任那项工作是极不适宜的。这使勃雷恩满意了。机警而富于社会处世经验的郝斯上校，做到了人与人之间一项重要的规则，那就是，永远使人们乐意去做你所建议的事。

威尔逊总统邀请麦克杜做他的阁员时，也运用了这项规则。那是他能给任何人的最高荣誉，可是威尔逊总统的做法，更使别人感觉到自己加倍的重要。这里是麦克杜本人叙述的故事：

威尔逊总统说他正在组织内阁，如果我答应担任财政部长一职，他会非常高兴。他使我觉得我如果接受这项荣誉，就好像我帮了他一个大忙。

可是不幸的是，威尔逊总统没有永远运用那一种手腕，如果他运用的话，历史的演变，或许跟现在就不一样了。

例如：关于美国加入国际联盟，并没有获得参议院和共和党的赞同。威尔逊总统拒绝带洛德、休士，或是其他著名的共和党党员随行，参加和平会议；反而带了两个自己党内并没有名望的人去参加会议。他冷落了共和党，不使他们觉得创办国联是他们的意见，这是他的意思，不要他们插手。威尔逊草率地处置，摧毁了他自己的事业，损害了他的健康，甚至缩短了他的寿命，美国也始终未加入国联，并且改变了以后世界的历史。

著名的出版商罗勃特，永远遵守这项规则：使人们乐意去做你所建议的事。他们明确地履行这项规则。著名作家亨利说，那家出版社有时拒绝替他出版某一部书，可是拒绝得非常得体，决不使人有不愉快的感觉。亨利觉得这家出版社虽然拒绝了，可是比别家接受他的小说还值得高兴。

我认识一个人，有许多人请他去演说，因此，他必须拒绝不少人。来邀请他去的，都是他的朋友，或是那些极有交往的人。然而，他的婉辞非常巧妙，对方虽然遭他拒绝，可还是感到满意。他是如何应付他们的？是告诉他的朋友，太忙抽不出时间？或是其他什么原因？不，不是的。他表示感激对方的邀请，同时感到非常抱歉，接着他推荐了一位能代替他演说的人。这样，他就不会使人感到不愉快。

他会做这样的建议：你为什么不请我的朋友，勃洛克林鹰报的编辑洛格斯先生替你们演讲？你有没有想到那位伊考克先生，他曾在巴黎住了十五年，关于在欧洲做通讯员的经验，相信会有许多惊奇的故事可说。还有那位郎法洛先生，他还有很多在印度打猎的影片。像他的作为，将永远使别人乐于做自己所提到的事。

万特是纽约一家印刷公司的经理，他的公司里有个技术师，这位技术师负责管理若干台打字机和其他日夜不停在运转的机器。他总是抱怨工作时间太长，工作太多，压力太大，他需要一个助手。

万特先生要改变一位技术师的态度和要求，而不引起反感。

后来，万特先生没有压缩他的工作时间，没有替他增加任何一个助手，却使这位技师高兴起来，原因何在？万特想出的主意很简单，他给那位技师一间私人办公室，办公室外面挂上一块牌子，上面写着他的名字和头衔“服务部主任”。

这么一来，任何人都不可以随便下命令使唤他为修理匠了。他现在是一个部门的主任，他有了自尊自重的感觉。所以这位服务部主任现在很高兴，也不再抱怨了。

是不是太幼稚了？或许是的。可是就有这样一件事，发生在拿破仑身上。当他训练荣誉军时，给他的士兵们发出了一千五百枚十字徽章，封他的十八位将军为“法国大将”，称他的军队为“伟大的军队”的时候，人们也说他“孩子气”，讥笑他拿玩具给那些出生入死的老军人。拿破仑回答说：“是的，有时人就是受玩具所统治。”

这种以头衔或权威赠予的方法，对拿破仑有效，对你同样有效。例如：前面我曾提到过我的一个朋友——纽约的琴德夫人。她家里有一块草地，常被那些顽皮的孩子踩坏，这使她很烦恼。琴德夫人对那些孩子劝告和吓唬都不管用，可是，她终于想出了一个办法。

她从他们之间，找出一个最顽皮的孩子，并给那孩子一个头衔，使他有一种权威的感觉。她叫那孩子做她的密探，专门侦察那些侵入她草地的孩子们，她这个办法果然有效。做她密探的那个孩子，在后面院子燃起一堆火，把一条铁棍烧得红红的，恐吓那些孩子，谁再闯进草地，他就用烧红的铁烫那个人。获得权威，这就是人类的天性。

所以，你要改变他人的意志，而不引起他的反感、抱怨，那就坚持一个原则：使人们乐意去做你所建议的事。

第六节　让对方开口说“是”

跟人们谈话时，别开始就谈你们意见不合的事，不妨谈些彼此赞同的事情。如果可能的话，你更应该提出你的见解，告诉对方，你们所追求的是同一个目标，所差异的只是方法而已。

使对方在开始的时候，就连连说“是！是！”，如果可能的话，尽量防止他说“不！”。

奥弗斯德教授在他所写的那部《影响人类行为》一书中说过：“一个‘不’字的反应，是最不容易克服的障碍，当一个人说出‘不’字以后，为了自己人格的尊严，他就不得不坚持到底。事后，他或许觉得自己说出这个‘不’字是错误的，可是，他必须顾及自己的尊严。他所说的每句话，必须坚持到底，所以，让对方在一开始的时候，就往正面走，那是很重要的。”

懂说话技巧的人，开始的时候就能得到很多是的反应，只有这样，他才能将听者的思想导向正面方向。

就以人们的心理状态来讲，当一个人说出“不”字时，同时他心里也潜伏着这份意念，从而使他所有的器官、腺、神经、肌肉完全紧缩起来，形成一个拒绝的状态。从反面来说，当一个人回答“是”的时候，体内那些器官，没有收缩动作的产生，组织是松弛、接受、开放的状态。所以，在谈话开始的时候，我们如果能诱导对方多说“是”的赞同回答，会更容易为我们以后的建议博得对方的注意。

得到这个“是”字的反应，本来是极简单的，可是很多人都忽视了这一点，很多人都是这样的，那就是一开口就反驳人家的意见，似乎这样就能显现自己有主见有思想。开放的人和保守的人谈话，很容易引起一方的发怒。其实他们这样做，仅仅是为了一种感官上的快感，也许这样还可以理解，但要是为了做好一件事，那就大错特错了。

如果你身边的人，他们一开口就是个“不”字，那即便你耗尽你的智慧，用极大的忍耐，也很难改变他们的意志。

运用这个“是，是!”的方法，曾使纽约一家储蓄银行的出纳员，拉住了一位阔气的存户。

这件事发生在格林威治储蓄银行的一名出纳员爱伯逊身上。他说：“有个年轻人来到银行存款，按照我们银行规定，我把存款申请表格给他填写，有的他会马上填写，但有些他拒绝填写。

如果这事发生在我尚未研究人类关系学之前，我就会告诉那位顾客，如果他不把表格填上，那我只有拒绝他的存款。很惭愧，以往我都是这样做的。自然，当我说出那些具有权威性的话后，自己感到很自重、得意。但今天上午，我就运用了一点实用的知识，我决意不谈银行所要的，而谈些顾客方面的需要。最主要的是，我决定使他一开始就回答“是，是!”。因此我先赞同他的想法，即使他不愿填上表格，我也认为并不十分必要。

可是，我对那位顾客这样说：“若是你去世后，你有钱存在这个银行，你可愿意让银行把存款转交给你最亲密的人?”

那客人马上回答：“是的，当然愿意。”

我接着说：“那么你就依照我们的办法去做，你把你最亲近的亲属的姓名和情况，填在这份表格上，而不致于出差错，如何？”

那位顾客又说：“是，是的。”

那顾客态度软化的原因，是他已知道填写这份表格完全是为他打算。他离开银行前，不但把所有情况都填在表格上，而且还接受了我的建议，用了他母亲的名义，开了个信托账户，有关他母亲的情形，也按照表格详细填上。

我发觉使他一开始就回答：“是，是的。”他就会忘了争执之点，并且很愉快地依我的建议去做。

西屋电气公司推销员爱力逊，说出他的一段故事：

在我负责的辖区内，住着一位有钱的大企业家。我们公司极想卖他一批货物，过去那位推销员几乎花了十年的时间，却始终没有和他谈成一笔交易。我接管这一地区后，花了三年时间去兜揽他的生意，可是，也没有什么结果。经过十三年不断的访问和会谈后，对方才只买了几台发动机，可是我始终这样希望，如果这次买卖做成，发动机没有毛病，以后他会买我几百台发动机。

我知道这些发动机不会有任何故障的。过了些时候，我去拜访他。

我原本心里很高兴，可是我高兴得似乎是太早了，他们的工程师见到我就说：“爱力逊，我们不能再多买你的发动机了。”

我心头一震，立即问道：“为什么？”

那位工程师说：“你卖给我们的发动机太热，我不能将手放在上面。”

我知道如果跟他争辩，不会有任何好处的，过去就有这样的情形，我想运用如何让他说出“是”字的办法。

我向那位工程师说："史密司先生，你所说的我完全同意，如果那发动机发热过高，我希望你就别买了。你所需要的发动机，当然不希望它的热度超出电工协会所规定的标准，是不是？"

他完全同意。我获得他第一个"是"字。

我又说："电工协会规定，一架标准的发动机，可以较室内温度高出华氏七十二度，是不是？"

他同意这个见解，说："是的，可是你的发动机却比这温度高。"

我没和他争辩，我只问："工厂温度是多少？"

他想了想，说："嗯——华氏七十五度左右。"

我说："这就是了，工厂温度七十五度，再加上已有的七十二度，一共是一百四十七度。如果你把手放进一百四十七度的热水里，是不是会把手烫伤？"

他还是说"是"。

我向他做这样一个建议："史密司先生，你别用手碰那架发动机，那不就行了！"。

他接受了这个建议，说："我想你说得对。"我们谈了一阵后，他把秘书叫来，为下个月订了差不多三万多元的货物。

我费了多年的时间，损失了数万元的买卖，最后才知道，争辩并不是一个聪明的办法。要从对方的观点去看事，设法让别人回答"是"，那才是一套成功的有效途径。

希腊伟大哲学家苏格拉底是个风趣的老孩子，他一向光脚不穿鞋，40岁时已秃顶。可是，却跟一个19岁的姑娘结婚。他对世人的贡献，有史以来能跟他相比的不多。他改变了人们思维的途径，直到今天，还被尊为历来最能影响这个纷扰世界的劝导者之一。

他运用了什么方法？他曾指责别人的过错？不，苏格拉底绝不是这样的。

他的处世技巧，现在被称为“苏格拉底辩证法”，就是以“是”作为他唯一的反应观点。他问的问题，都是他的反对者所愿意接受的。他连续不断地获得对方的同意、承认，到最后，使反对者在不知不觉中，接受了在数分钟前他还坚决否认的结论。

以后当我们要指出人们的错误时，我们要记住赤足的苏格拉底，并且问一个能够获得对方“是！是！”的和缓的认可方法。

如果你要获得人们对你的同意，那就使对方很快地回答“是！是！”

第五章　面对批评的巧妙应用

第一节　批评和攻击效果差

1931年5月7日，纽约发生了一起震惊全市的暴力搜捕事件，整个事件的凶手是被称为“双枪杀手”的罪犯克莱雷。警方集中全部警力，终于在这名罪犯的情妇的寓所中将这名烟酒不沾的杀手擒获。

将近150名的警务人员将克莱雷围堵在公寓顶层的藏身处。他们将屋顶砸通，并试图用催泪弹将克莱雷逼出，在他寓所的周围，机关枪时刻准备射击。经过了大约1小时的僵持，刺耳而尖锐的枪声震惊了原本宁静的市区。那个恶名昭著的克莱雷躲在他寓所的椅子后面，对着警察疯狂射击。成千上万的纽约市民怀着惊恐的心情目睹了眼前的一幕。

警察在武力逮捕了克莱雷后，发表了自己的看法：“克莱雷可以说是纽约市有史以来最为凶残、最具危险性的罪犯，已经到了杀人不眨眼的地步，他的兴趣就是以杀人为乐。”

可是，出人意料的是，这个有着“双枪杀手”之称的克莱雷却对此评价相当无辜。

在围攻当天，克莱雷正在写一封公开信，信上写道：“在我的衣服里面，包裹的是一颗疲惫的心——这是一颗善良而仁慈的心，一颗不想伤害别人的心。”

可是，在事实面前，克莱雷的所作所为却一点也没有仁慈的迹象，他总是疯狂地杀人，连尸体都不放过，难道这就是他所谓的善良而疲惫的心吗？

最终，克莱雷被判以死刑，当他受刑的那一刻，他没有说“我杀人是罪有应得”，反而说“我是保护我自己的结果”。通过克莱雷的话，我们并没有感觉他对自己的行为有悔意。

克莱雷只是众多罪犯中的一名，像他这样态度的罪犯还有好多，他们的心态都极其相似。美国有名的黑社会头目阿尔·卡庞曾说过这样一句话：“我用生命中最美好的岁月来愉悦别人，希望每个人都快乐，可是我得到的却是人们的唾弃和谩骂，这也许就是我变成现在的样子的原因吧。”可见这一类人都不曾对自己的所作所为有丝毫的忏悔与自责。

对于这种情况，我曾和纽约辛辛监狱的路易斯监狱长通过几次信件，他对我说，在这样的监狱中，有很多像克莱雷这样的罪犯，都不认为自己是罪大恶极的恶人，他们总是为自己辩解说为什么要撬保险柜，为什么要连续伤人、杀人，他们并不认为那样做有什么不对，他们可以找出很多理由为自己开脱辩解。就像他们所说的，他们就不应该被关在监狱里。

可见，连像克莱雷这些人都不曾为自己的疯狂行为自认不安，更何况是一般人呢？

著名的心理学家斯勒津用动物做试验证明出，动物中也有此种表现。受到表扬、奖励过的动物会表现得很好，很有干劲儿。而没有受到表扬反而受到批评、处罚的动物的表现明显不如前者。因此也可以证明，在人身上，越是批评、责备，越达不到好的效果，有时甚至适得其反。

批评和责备根本不会有任何好处，相反，还会使人与人之间的隔阂加深。因此，批评带来的是人类心灵的痛楚，还会伤害人的自尊心，甚至是强烈的抵触和反抗。

在历史的长河中，有许多因批评而毫无效果的例子。

美国第 26 任总统西奥多·罗斯福曾经在白宫与塔夫脱有过一段争论，从而导致了共和党的分裂，并顺水推舟地将威尔逊送进了白宫。归其原因，还是因为罗斯福的批评。

事情是这样的，在 1908 年的美国，罗斯福让塔夫脱作为共和党的总统，自己离开白宫去了非洲。罗斯福回来时，对塔夫脱的执政方式大为不满，他认为塔夫脱作风保守没有创新。于是公然批评并抨击了他，并且准备自己重新竞选总统，另组“进步党”。那几年毁了共和党。那次以后的选举结果可想而知，塔夫脱只获得了两个州的选票，这可以说是共和党的失败之年。

事情发展到此，塔夫脱却并不觉得自己有丝毫的过错，他委屈地说：“我从不觉得自己有什么不妥，为何说我错了呢。”

在历史面前，很多伟人都是如此，普通的人就更不用说了。

大家都知道著名的亚伯拉罕·林肯吧！在 1865 年 4 月 15 日的清晨，林肯躺在福特别墅对街的一家廉价出租房中的睡床上，已经在死亡边缘挣扎，而这里也就是他被杀害的地方。

“这里躺着的是人类最伟大的统治者。”陆军部长斯顿在林肯咽下最后一口气时说道。

这样出色的统治者与人相处是怎样的呢？我通过 10 年的倾心研究，终于写出了《另一面的林肯》，来向世人展现了林肯待人处事的方式。

林肯在年轻的时候，很喜欢评论是非，特别是对自己看不惯的人他喜欢写信攻击别人，并让收信人看到。

林肯在伊利诺伊州的春田镇当公务员时，仍然写信公开抨击反对者。但直到一次惨痛的经验教训后，他才改变了自己的行为。

事情是这样的。林肯因为对一位自视清高的政客西尔兹不满，在报上发表了一封讽刺西尔兹的信，全镇人看到后都哄笑他。这令西尔兹大为不满，千方百计地查出了信的出处，再加上西尔兹平时就十分高傲，于是他决定下战书与林肯决斗。作为事发人的林肯本不喜欢决斗，但为了顾全面子，只好同意接受挑战。在选择兵器上，林肯选择了适合自身手臂长的大刀，并且和一位在西点军校毕业的好友学了几招剑术。到了比赛当天，也就是在两人约好的密西西比河的沿岸，两人准备开始生死战。幸亏在最后一刻，一位朋友出面阻止了决斗的进行。

这件事对林肯的一生应该是一个重要的转折，他从此不再写一些中伤他人的信，也不轻易批评他人了。

美国内战时期，林肯更换了好多将领，但都不尽如人意，林肯顶着全国多数人指责他用人不当的压力，并没有指责他的将领们。他说："我们不要怨天尤人，不要去批评他人，以免被他人所评议。"他最终宽容地保持了缄默。

南北战争时期，许多北方人都很刻薄地评论南方人，包括林肯夫人在内。而林肯却总是说，不要评论他人，如果我们设身处地地想想，我们的做法也是和他们一样的。

在7月4日晚上，南方将领李将军开始向南方撤退，当时天气对北方相当有利，暴雨骤至，河水猛涨。李将军的军队要想顺利通过是很困难的。北方军队如果乘胜追击，一定会取得全盘的胜利。在这次绝好的机会中，林肯立即下令，不必召开军事会议，立即攻打李将军的军队。他电报前方军队将领密狄，立即开始攻打行动。在战斗前线的密狄却并没有按林肯的意图开始行动，他召开会议，全盘否定了林肯的命令，故意拖延时间，拒绝攻打李将军，直到最后，大雨停止，河水退去，给了李将军喘息的机会，让他顺利南逃。

“他究竟要怎么样？”林肯对自己的儿子吼道。“我真不明白，我们胜利在望，只要稍用武力，我们就可以取得战争最后的胜利。为何密狄不明白这么浅显的进攻之道呢？”

但是，最终理智还是控制了自己的情绪。林肯思来想去，用最拘谨客气的言语给密狄写了一封询问信。

亲爱的将军：

对于李的军队的逃跑，想必你也考虑了好久。在当时那种情况，我想作为一军将领的您比别人更清楚我方胜利的机率有多大。如果我们将李捕获，我们可以立即结束这场战斗。可是，如今他们已逃到了波多马克河以南，我们要想轻易成功就很困难了。我对这次绝佳机会的失去深表遗憾。

那么，密狄将军看了这封信的心情如何呢？

其实，密狄根本就没有可能看到此信。因为，林肯根本就没有把此信寄出。这是别人后来在林肯的一堆文件中发现的。

此时，我的脑海里总是浮现林肯当时矛盾的心境：他一定很犹豫是否将此信寄出。请允许我妄自推论，他一定想：我身处白宫，对真实的战况没有亲眼所见，而密狄是将领，他始终站在战争的最前线，如果我站在他的位置，听着伤者的呻吟、呼救，看着成堆的尸体，也许就会不那样做了吧。也许我的个性也像密狄一样的软弱，可能做法会和他一样吧！现在说什么也来不及了，为了痛快，将此封信寄出去又有什么意义呢？反而会招来密狄为自己的申辩，甚至对我的攻击。或者逼他离开军队，毁了他的后半生。

最后，我们伟大的林肯终于没有把信寄出，因为林肯深知："尖锐的批评与攻击，所得的效果等于零。"

就连西奥多·罗斯福总统都把林肯作为自己的偶像，他每次遇到困难时，都仰望办公室墙上那幅林肯肖像反问：若林肯处在我的位置会怎样呢？

正如托马斯所说："伟人是在对待小人物的行为中显示其伟大的。"当我们应付个人时，应该清楚，我们不是在应付理性动物，而是在应付感情动物。只有没头脑的人才批评、指责对方，要做到能够宽恕别人，有时也需要有一定修养的。"了解就是宽恕。"让我们尽量用关心理解别人，来取代批评与责骂吧！从现在开始，不要批评、责怪或抱怨他人。

第二节　保住他人的面子

保住他人的面子其实是一件相当重要的事情。但是我们却很少会考虑这些问题。纵使别人犯了错，而且我们又是对的，如果没有为别人保留面子，也往往会毁了一个人。

一句体谅的话语，以及对他人的态度给予宽恕的处理，这样都会使他人免受言语上的伤害，保全自己的面子。

马格兰是一位公司的总管会计师，由于他的业务具有季节性，所以他们必须每三个月内辞退一些人，让他们到别的地方去。可是，别以为辞退一个人是件很简单的事情，其实这是件很难开口的事，没有人愿意总辞退别人。可是，为了公司的发展，必须出此下策。一般情况下，有些主管会这样说："不好意思，汤姆，你知道这个季度很快要过去了，我们没有什么业务再让你去处理了，你也很清楚，你是在忙的时候才来的……"要知道，这些话语会让那些员工很伤心，仿佛是被抛弃了一样。

然而，马格兰却不会用这种伤人的方法，他很明白这样会让对方很没面子，又会伤害对方的自尊心，对公司也不会有任何好处，他每次都用一种很婉转的方式："汤姆，你这段时间的表现很不错，你在完成我交给你的任务时，相当尽力。我希望你明白，公司对能有你这样的员工感到很光荣，我们对你的工作感到非常满意。要知道，你的业务能力很强，无论到哪家公司工作，一定会受到重用。我们对你很有信心，希望你能找到更优秀的公司，我们会支持你的。"

听者的反应往往是非常平缓地接受了公司的决定。因为他们自己能理解公司的难处，如果有更多工作可做的话，一定会留下他们的。

所以，即便这些员工辞了职，当公司再次需要他们时，他们也会很愿意回来。因为马格兰用自己尊重别人、保全他人面子的方法，与他们建立了深厚的私人感情。

每个人都很要面子，无论他是大人还是孩子，无论是名人还是普通人。任何人都没有让别人丢脸的权利，伤害别人的自尊是一种犯罪。如果你不断地让某人失去面子，也许你就会扼杀一个天才，或是让他恨你一辈子。这样你不如静下来，向对方说几句体谅的话语，设身处地地为别人想一想，这样既减少对他人的伤害，又保住了他人的面子。

哈特是纽约一位著名的出版商，他出版过23种报纸及12种杂志。这都归结他极强的社交能力。

有一回，他要为一次公益活动做策划，特意请来了当时很有名气的漫画大师豪斯为自己创作一幅漫画。可当哈特看到豪斯的画稿后大失所望。他希望能让豪斯为自己重新再创作一幅。

可是，作为知名的漫画家，若让他再创作一幅，无疑是对他的画有所不满，那可不是件容易的事情。哈特决定利用和他共进晚餐的机会，婉转地和他表明。

在晚餐上，哈特让豪斯点菜，并谈起了那幅让他创作的漫画。哈特说："先生，您真是漫画天才，我刚看到您创作的作品后，简直惊呆了，那真是一件不错的漫画作品，您真不愧为漫画大师！"

豪斯高兴而又谦虚地对哈特说："哪里，那幅作品也许并没有您说的那么完美，它还有许多不足之处。"

哈特又接着说："我对漫画可不太在行，我每次看到街上跑的电车，总能让我联想到漫画。我总感觉开电车的司机像个丧魔一样横冲直撞，真是吓死人了。"

豪斯饶有兴趣的听着哈特的想法，兴奋地说："这个创意太有意思了，多么了不起的构思。漫画创作就是要有源于我们真实生活的素材。我决定为您重新再画一幅更逼真的漫画，如果您不介意的话，我想今晚就开始创作，明天一定交给您，我想这不会太耽误您的计划的。"

哈特当然非常高兴地接受了。豪斯利用一晚上的时间为哈特赶制出了一幅精彩绝伦的漫画作品，这使哈特非常满意。

事实上，哈特并没有直接向豪斯提出重画的要求，而是引导豪斯主动重画，这么做既给足了画家的面子，又达到了自己的目的，简直是一举两得。

当一个人真的犯了错误，而你直率地指责了他，那后果又怎样呢？

吉姆是一位年轻的律师，他刚刚在纽约获得了自己的第一份工作。最近他正在受理一件牵涉到一笔巨款的重要法律大案。

在美国的最高法院辩护过程中，法官提出海军的申斥期限是6个月。作为律师的吉姆思考了一阵，然后对法官说："尊敬的法官大人，我们的海军法规中根本没有此项内容呀!"

吉姆当时是我训练班的一名学生，他叙述了他当时现场情形说："在我将那句话讲出去的同时，整个法庭都静成了一片，气氛极度不好。"每个人的表情都很惊讶！的确，我是没有错。但是，我严重地挫伤了那位法官的自尊，尽管我那次辩论得很精彩，但我没有获得那位法官的认同，因为我犯了大错，我让一位知名度很高的人物丢了面子。这是极不应该的，至少应该尊重他，保住他的面子。

世界上有许多伟人，也都很注重给他人留面子的问题，他们不会浪费时间满足个人的胜利。

1922年，土耳其军队首领凯末尔向他的士兵们发表了一场拿破仑式的慷慨激昂的演说："你们的目的地是地中海。"而后，他率军与希腊军队展开了生死决战，最后，土耳其军队获胜，把希腊军队赶出了土耳其的领土，结束了长达几个世纪的敌对战争。

战后，双方进行和谈，希腊将领黎波皮斯与廸奥斯来到土耳其凯末尔的总部。尽管土耳其人对这些希腊人很不友好，但凯末尔却表现得相当友好，他亲切地握住两位希腊将军的手，客气地请他们坐下。

双方开始了有关战争问题的讨论，他们在细节上进行深入地讨论，最终达成了协议。

当希腊的两位将军向凯末尔请降时，在途中遭到土耳其人民的辱骂，但是凯末尔并没有以一副骄傲的面孔自居，而是安慰两位希腊将军，真诚地希望他们不要自责，并以一个军人的口气说："坐下吧，你们肯定感到疲惫了，战争这东西，有时最厉害的将军也会打败仗的。"

尽管当时土耳其全国上下一片热烈欢庆的气氛，沉浸在庆祝胜利的喜悦当中，但凯末尔仍旧清醒地记得让对方保留面子，不管对方是不是你的敌人。

所以，尽可能地让他人留有自尊，保住他人的面子，不论他是你的朋友还是敌人，这可是为人处事的一项重要原则。

第三节　勇于承认自己的错误

任何一个愚蠢的人，都会尽力辩护自己的过错，而一个能勇于承认自己错误的人，却可以使他出类拔萃，给人以尊贵高尚的感觉。

在离我居住地步行不到 1 分钟的地方，有一片小树林，那里树木茂盛。春天到来时，树林里的野花争相斗艳，松鼠哺育着自己的孩子，马尾草疯长到了马首那么高，周围的人都称这里为森林公园。我经常带着我的波士顿狗洛斯来此散步。我的小猎狗绝对是那种温顺可爱不伤人的小狗。森林公园也少有人来，所以，我不给我的小狗戴狗套或是皮带。

有一天，我带我的小狗来森林公园散步，恰好遇到了一位骑马的警察，他神色威严，仿佛恨不得把他的权威马上行使出来。

"先生，您让您的小狗在这里到处乱跑，还不给它戴口套或皮带，您知道这么做有多危险吗？您这样做不但会使狗咬伤路人，还是一种违法的行为！”他责备道。

我很诚恳地看着他，轻声地说：“是的，先生，我这样做的确是触犯了法律，可是，这么一只小狗，不至于对人造成伤害吧？”

“什么事都不可能是绝对的！你想不会有就一定不会吗？法律可不是这样规定的，也许你的狗就有可能伤害到附近的松鼠，或者是小孩子。到那时，你的想法就不是这样了。我这次不追究你了，但是，如果下次再让我看到你带着这只不戴口罩也不栓皮带的小狗，我可就要追究你的法律责任了。”

我对警察保证以后不再犯这种错误，并且一直遵守着这条原则带我的小狗散步。但事实上，小洛斯根本不喜欢被口罩或是皮带束缚，我也希望它能玩得开心。于是，我决定碰一次运气。

又是一个晴朗的下午，我没有给洛斯带口套和皮带，一开始它玩得很尽兴，但后来，我就遇到了麻烦。只见那位曾经警告过我的警官骑着那匹枣红大马向我奔过来，洛斯不知情地往他的方向奔了过去。

这下可麻烦了，心知肚明的我十分愧疚，我没等他开口就主动向他坦白了自己的错误：“先生，十分抱歉，我没有遵守诺言，我再次触犯了法律，您曾经提醒过我不能让小狗不带口套或皮带就出来，可我没有照办，您处罚我吧。”

出乎我的意料，警察并没有严厉地处罚责备我，而是很轻柔地对我说：“我想，也许没你说得那么严重，我很理解，没人在时让这只小狗自由玩耍的诱惑力。”

“可是我触犯了法律呀！”我回答说。

“谁都知道，这样一只小狗怎么可能会伤害别人呢？”警察安慰我道。

“可是，它却有可能伤害松鼠呀!”我又小心地说。

“也许事情没你想得那么严重，这样吧，以后你可以让小狗自由些，只要让它跑过这座山，到我看不到的地方就行了。”警察微笑着告诉我。

我此时感觉很棒，那件事很快平息了。其实，警察虽然是执法者，但也是和普通人一样的，他们也需要满足自己的自尊感。反过来，如果我和他争辩，所得的结果也可想而知。

我没有和他辩论，而是用谦虚的态度承认了自己的过错，肯定了他的权威，并肯定了自己的错误。所以，他非但没有指责我，反而帮我说起话来。

如果在某些情况下，我们要接受责备，不妨先坦诚地承认自己的错误，这样一来，对方便不会那么生气，反而会宽容你，忽略你错误的严重性。

费迪南德·沃伦是一位优秀的平面设计大师。他为别人做的广告创意或是印刷品绘图纸的质量应该说是准确无误的，可是人非圣贤，孰能无过，尤其是在某些时候，比如，编辑们总是不给你充足的时间去完成那些工作。

有一次，费迪南德·沃伦为一位美术编辑做的一件加急活儿中出了一点小差错，那位美术编辑把沃伦请到了他的办公室。沃伦仔细看了自己的图纸，发现的确存在着编辑所说的错误。于是，沃伦便诚恳地说：“对不起，先生，您没有说错，那份图纸的确存在着漏洞，我不想辩解什么，和您合作多年，我应该很了解您的意图和风格，出了这样的差错，我深感歉意。”

那位美术编辑见沃伦如此诚恳地说出了自己的错误，很是感动。和颜悦色地说：“你的图其实总体来说还是相当出色的，这只不过是一个小小的差错而已，请不要自责了。”

沃伦说："无论错误的大小，只要存在着错误，就会对整体效果有危害。我真应该小心一些，把这个漏洞填平。我把它重新做一遍，您看如何?"

编辑听到这里，很是欣慰，于是对沃伦说："不用了，我真的没有让你重画的意思，你只要稍微改动一下就好了，其实，你做的已经相当不错了，请别太放在心上。"

事后，编辑请沃伦吃了一顿中饭，饭后给了沃伦那份活儿的报酬，而且又开始了他们下一次的愉快合作。对待勇于承认错误的沃伦，编辑没有理由不去信任他。

用争斗的方法，你绝不会得到满意的结果。但是退一步，你的收获会出乎你的意料。如果我们对了，我们试着友善地说服对方，如果我们错了，我们就要积极地承认错误。这种方法往往会收到惊人的效果，这要比自己辩论有效多了，正如人们常说的"退一步海阔天空"。

南北战争时期，南北双方持续作战。一开始，南军捷报频传，但是，一场盖茨堡战役将局势完全扭转。南方军队将领李将军却把失败全部归到了自己身上。

毕克德的那次进攻，无疑是南北战争中最显赫最辉煌的一场战斗。毕克德具有拿破仑般的勇气，他像拿破仑在意大利战场一样，几乎每天都在战场上写情书，长发披肩，斜戴军帽，快马加鞭与北方军队抗衡，他那群效忠的部队都不禁为他喝彩，一时间，军旗飞扬，军刀闪耀，阵容威武强大，甚至连北方军也禁不住叫好。

毕克德的军队穿过果园和玉米地，翻过小山，向北方军冲去。北方军轰鸣的大炮根本不能阻止他们前行，没有使他们退缩。

然而，一会儿的工夫，北方步兵从墓地后面窜出来，对毫无防备的毕克德军队猛烈地射击，几分钟后，一个个都倒下了，5 000 多名士兵只剩下了五分之一。

毕克德统率剩下的士兵继续拼杀，他们用军刀顶着军帽高喊："弟兄们，冲啊，宰了他们!"他们跳过石墙，用刺刀与北方军队搏斗。终于把军旗插在墓地北方的阵地上。

军旗只飘扬了一会儿，成为南方军最后的记录，由于兵力不足，结果南方军队在这次战役中失败了。

李将军非常悲痛，他向上级部门递交了辞呈，要求改派"一位更年轻有为之士"。他将毕克德在这次战争中失败的责任，全部归咎于自己，虽然他可以找借口推脱自己的责任，归于师长失职，援兵不够等等，可是他没有。当残兵回来时，李将军亲自出迎，而且自责道："都是我的过失，是我失掉了这场战斗，我应该负起全部责任。"

历史上很少有将领会有如此的勇气和情操，承认自己的过失，并独自负起战争失败的责任。

所以，当我们对时，我们要用温婉谦和的态度去得到别人的赞同，当我们错的时候，我们要当即真诚地承认自己的错误。

第四节　收回你的批评

指责和批评他人之前一定要三思而后行。如果犯错者完全清楚是什么原因，怎样发生的，也清楚如何避免让错误再次发生，那你就大可不必再加以严厉批评。这只会让别人感到更难受，更不快，批评是毫无意义之举。

在这里，我们必须明白“过错”有两项基本的要素：第一、我们每个人都有可能犯错误。第二、我们每个人都喜欢指责别人的过错，但对于别人给我们的指正却不那么乐意接受。

生活中，绝对没有一个人喜欢接受别人给他的责备与批评，甚至指正。当别人指责我们时，我们有时也会被激怒。这一点上估计每个人都是这样。如果你想伤害别人，使他丢掉自尊，你不需要做太困难的事情，只要给他以严厉的批评和指责，告诉他计划做得很差劲，质量不合标准，或是生活习惯不良等等。即便他是真的存在错误，也不会轻易改正的。

要知道，每个人都会因某种原因而犯下错误，人无完人，所以适时地收回你的批评，所得的结果未必不好。

在面对批评时，我们最重要的是要尽量避免指责和批评。

雷比设计公司总裁史塔诺对此深信不疑。他表示：“当错误发生时，大家一定会这样想，这究竟是谁的责任？这就好像是人们与生俱来的一种本能，当遇到问题时，人们总是想找个人来承担，然后对其加以指责。”

史塔诺总是抱着尽量避免批评与指责的原则来要求自己与员工的。他曾说：“我尽量保持不轻易批评每个人的原则来与大家相处。尽管我们总是喜欢对别人说教，当别人犯错时，我们就开始责怪别人。所以我们要尽量想个最好的解决办法去面对错误，一味地批评与抱怨解决不了任何问题。”

史塔诺又接着说：“你要明白，自己真正想要达到的目的是什么？你凭借着有效的行动能力，把今天的工作做好，这才是最重要的。很明显，指责某人的错误是永远也达不到你所要达到的目的的。”

联邦品质机构的主管库克说：“人们到公司工作，都希望能尽力完成好工作，没有一个人想把工作搞糟，了解这一点的老板一定会努力让自己不再批评、指责员工的。”

北岸大学附属医院有755张病床，院长杰克正在为一个让他头痛的问题着急。这几年，北岸医院的规模有了很大的提升，床位也有了明显的增加，可是厨房的设备却依然停留在只能供应169张病床的规模。

于是，医院决定建造新的厨房操作间，杰克请他的同事处理这件事，他提出两点要求：招聘一位停车顾问和一位饮食专家。

杰克由于工作忙，没有全程监督工程的进程，到了快完工的日子，却因为很多东西没有处理完善而导致了工程的延期。事实上，那位同事根本就没按杰克的要求去安排停车顾问以及饮食专家，从而导致了新的医院厨房不能使用。

当杰克了解了情况后，他很清楚现在的处境，因为建筑物已经动工，而且投入了大量的资金，图纸设计也不能再更改了，但是这次整修却没有得到好评，因为新的厨房照样不够大，食物也没有任何提高，这使医院的名声有所下降。

这次的失败并不是杰克的错，他大可以指责批评那位同事做事不认真。可是他却没有那样做，把同事大骂一顿就能换来美味而有营养的食物和有更宽敞的厨房吗？这些都不可以，所以，批评没有任何意义。

杰克经过认真思考后说：“我不应该把时间放在批评别人身上，现在最急需做的就是重新修改系统，想办法改善这种不良的状态。浪费时间去指责别人，对这件事情毫无益处。”

每个人都不愿被指责与批评，被严厉批评过的人通常都不愿再冒风险，或再提新的主意。其实我们也不要因某一件事的错误就否定了他的全部贡献。

著名的化妆品公司玫琳凯很早就开始施行这种理念。他们将改善作为目的，而并不是严厉的批评。玫琳凯的经理巴特尔说：“我们不再使用任何权衡的考核，我们要的是业绩。因为没有任何人愿意被指责与批评，我们所要做的是如何帮助员工更好地工作，创作更多的效益。如何改善你的工作能力和方法，这是由你们的观点看的，而不是我的。”这是多么明智的领导方针呀！

我们都同意这句话：“没有谁会愿意被批评，但却有许多人都喜欢批评别人，但这对于你来说没有任何意义。”

当然，在不批评别人的同时，你可以用一些巧妙的方法来达到你的日的。

一位退休的老人在她家乡的乡间买了一幢别墅，打算清闲安静地度过余生。起初，她住得很舒服，周围环境很安宁。可过了几个星期，她就被某种噪音吵得难以安静了。原来，有三个年轻人总是在附近踢垃圾箱。老妇人受不了这种吵闹的行为，决定出去和他们评理。

老妇人的做法一定出乎你的意料，她并没有直接找上去批评指责年轻人，而是用了一种别的方法。

她温和地对三位年轻小伙子说：“你们玩得很开心嘛！如果你们每天都过来踢垃圾桶的话，我就给你们一块钱。”三位年轻人有些疑惑，互相看了看，高兴地接过钱，用力地踢起了所有的垃圾桶。

没过几天，当三位年轻人正要踢垃圾桶时，老人找到了他们，并满脸忧愁地对他们说：“很抱歉，我现在的收入越来越少，从今天起我只能每人给你们 5 角钱了。”三位男孩儿有些不满，但还是接受了老人的钱，并坚持每天下午将这些垃圾桶全部踢倒。

一周后，老人又来找三个年轻人谈话。她说：“真是不好意思，我最近没有收到养老金，所以每天只能给你们2角5分钱了，你们愿意吗？”“什么？就2角5分？开什么玩笑，我们可不想为了2角5分钱就特意跑到这里踢什么倒霉的垃圾桶，我们不干了！”男孩儿们气愤地说。

最后，结果可想而知了，年轻男孩儿们再也没有来打扰那老妇人的安静，老妇人也从此过着宁静舒服的生活。

在我们批评别人时，不妨思考一下是否有必要，我们不妨先创造一个开放轻松的谈话氛围，采取温和的态度，控制好自己的脾气。因为没有人喜欢听别人指责他，所以我们要做到对事不对人，这样也许会好接受些。当然，你不要忘记他之前所做过的种种贡献。

记住，当遇到什么事情时，如果你采用一种指责批评的态度，那么他们就会立刻与你对立，他们会觉得自己是对的，人的心理就是这样的。所以无论遇到什么事，都不要指责或看不起别人，因为你一旦开口批评，你就等于输掉了。你将无法控制你自己，重要的是你将失去与别人沟通、说服以及激励他人的最好时机。

所以，收回你的批评吧，将目光集中到要达到的目标上，这对你会大有益处。

第五节　不让批评之箭重伤你

林肯说：“只要我们不为任何的恶意做出反应，那么这种事就会到此为止。”只要相信你自己做得正确，就不要看别人怎么说你。凡事要尽力而为，尽可能地忽略别人对你的批评造成的最大伤害。

当你被别人恶意批评的时候，你要记住，他们之所以这样做，是因为那些人总是自以为是，通常这也就表示着你已经在某些方面有所成就，而且相当值得别人关注了。

1929 年，美国教育界发生了一件震惊全国的大事。一位名叫罗勃·赫斯的年轻学者被任命为世界知名的芝加哥大学校长，令人吃惊和不可思议的是，这位名叫赫斯的年轻人才刚满 30 岁。于是，英国各地的学者都纷纷前往芝加哥，一睹这位年轻校长的风采，而很多人是怀着这件事是否属实的观点来的。

其实，赫斯引出的这一轰动效应是与他年龄有着直接关系的，而且他的经历也很不寻常。他毕业于耶鲁大学，由于家境贫寒他是半工半读成才的。之前，他做过伐木工人，当过家庭教师，做过作家，甚至还卖过衣服。经历了 8 年的创业奋斗，他被任命为芝加哥大学最年轻的校长。

许多人都不能够理解，为何用如此年轻的人做一所名校的校长，一时间批评如潮，什么样的说法都有，说他太年轻没有经验，说他根本就缺乏教育观念，各种说法比比皆是，报纸也加入到了批评的行列中，一时间，赫斯被批评和指责所笼罩。

在赫斯上任当天，一个朋友对他父亲说："我刚看到报纸上对你儿子猛烈的攻击，他能承受得了吗。"赫斯的父亲不以为然地说："不错，他们的批评很恶劣，但是，请记住，从来没有人会踢一只死狗！"

叔本华曾说过："庸俗的人从伟人的错误与失误中会获得极大的快感与成就感。"我们看到许多人骂那些教育程度比他高或者某一方面获得成功的人，他们会从中获得很大的满足感。因此，我们根本没有必要理会那些无聊的批评，那些都是徒劳无功的。

就是因为赫斯的成熟突出，以至于引起了大家的嫉妒，尽管许多人批评指责他，但他对此置之不理，正向他父亲所说，“从来没有人会去踢一只死狗。”

美国著名的玉蜀黍大王特雷的成功，令人不得不称赞他惊人的意志。

在他年轻的时候，曾经当过一家著名五金商店的收银员，他工作勤奋努力，一丝不苟，有不明白的问题总是虚心向别人请教。他那时最大的梦想就是能被经理赏识，提升为五金推销员。可是，他卖力的工作却并未得到经理的赏识，反而适得其反。

一天，经理把他叫到办公室谈话，毫不留情地对他大声训斥道：“你脑筋呆板，四肢发达，根本没有任何生意头脑，你还不如去当钢铁厂的苦工吧，你明天不用来上班了。”

特雷面对着如此大的侮辱，并没有灰心，相反，却激起了成为推销员的更大的斗志，他对经理说：“您可以解雇我，那是您的权利，但是，我并不会因为您的嘲笑而承认自己的脑子笨，您等着瞧吧，我会做比您的公司大十倍的生意给您看看。”说完便走出了公司的大门。

特雷把嘲笑与侮辱当成自己工作的动力，他很了解自己的能力，不会受别人指责的干扰，经过几年的不懈努力，终于兑现了自己的诺言，成为全美最著名的玉米大王。

世界最著名的话剧界大师佛洛门先生，也曾是在别人的批评中获得成功的。在当时，有出不太受欢迎的戏剧上演，所以许多剧院都将其从节目中删掉，因为他们觉得无利可图。

佛洛门凭着多年的戏剧经验，认为这出戏剧只要稍加改动，便会大受欢迎。于是他不顾别人的劝告，花了一大笔钱将剧本买下。当时他的朋友们都劝他不要做这种傻事，许多同行也笑他是白痴，但是他都不以为然。佛洛门回到家，仔细研究该剧的内容，开始了改台词、改布景、找高潮等大规模的修改。结果，当这部被改动过的戏剧首演时，赢得了观众们如潮的好评，从此，这部戏剧也名声大起，声名远扬，每天来观看这部戏剧的观众络绎不绝。就连之前嘲笑过他的人都不得不佩服佛洛门的成就。

佛洛门经过自身不懈的努力，终于成了娱乐界知名的大师，他的成功归结于他不理会任何对自己不利的批评，始终坚持着自己的理想，最后走向了成功。

著名作家麦克斯·布朗是爱因斯坦的挚友，他为爱因斯坦撰写的《爱因斯坦传》影响很大。这本书反响强烈，极受欢迎。但是，当时有一位文学评论家在报纸上错误地批评了布朗，布朗为此大为不满，于是，爱因斯坦主动写信给他的好朋友布朗："你对《伦敦时报》文学增刊的一篇评论感到愤怒我是可以理解的，我对此一笑而过。你知道，有些人为了一点稿酬，匆匆浏览文章后，就动笔写了一些目光短浅、一无是处的文章。其实这种似是而非的文章是不会引起多大反响的，你又何必为此苦恼呢？之前，有不少关于我传记的恶意批评和无耻谎言，我都不以为然，要是我对每篇评论都计较的话，我就活不到今天了。你记住，一个人应该学会安慰自己，时间是一个筛子，很无聊的批评都会通过筛子筛入无边的海洋，即便有漏下的，也都不值一提。"

的确，恶意的批评终将会过去，我们又何必为此而闷闷不乐呢？既然我们无法避免不公正的批评，起码我们要做到自己不受批评的干扰。

戈那尔是美国一政党的成员，由于他在一次有关本党的决议中投了反对票而招致了该政党领袖的不满。政党领袖把戈那尔训斥了一番。

在政党领袖大骂他是政党叛徒，没头脑的白痴的时候，戈那尔始终没有抬头反驳。

那位脾气暴躁的领袖见戈那尔对他的责骂无动于衷，更为恼怒了，继续大声地陈述着自己的怨言与指责。但戈那尔就像没听见似的不予理睬，毫无反应，依旧忙着自己的工作。

后来，政党领袖骂够了，准备出去。此时，戈那尔才停下手中的活儿，微笑着招呼他说："这么快就走吗？我还没听够您的指责？请您继续吧！"政党领袖听了这令人哭笑不得的话，再无话好说，只好转身离去了。

戈那尔没有和那位政党领袖辩解一句，始终在静静地听着，尽管这件事他有很多有利的理由可以让他辩解，但他都没有那样做，因为他知道在那种情况下，辩解再多，政党领袖也听不进去，此刻的最好办法是冷静地说服对方。

当我们因为某种不公正的批评而感到忧虑时，我们不妨一笑而过，不为之所影响，将批评作为动力，不让批评之箭中伤自己。

第六节　委婉地指出他人的错误

批评是一门艺术，有益的批评会使对方虚心接受，并认识到自己的错误，及时加以改正。但是，批评也要讲究方法，切记不要当面指责别人的错误，这样会造成对方强烈的反抗。巧妙的暗示对方注意自己的缺点，往往会赢得他人的赞同。批评的方式多种多样，我们一定要委婉地指出别人的错误。间接、委婉地指出别人的错误，要比直接脱口而出的批评温和得多，并且不使人反感。

一天下午，夏布经过他的钢铁厂，突然看到他的几个员工正在抽烟，而在他们的头顶上却挂着“禁止吸烟”的警告牌。夏布看到这个情况，心里十分气愤，他完全可以愤怒地走过去，向后指着牌子对他们大声说：“你们难道没有看到牌子上写的禁止吸烟？难道你们都不认识字吗？”可是，他并没有这样做，他走到员工的面前，伸手递给他们每人一根烟，然后温和地说：“朋友，我希望你们会到许可抽烟的地方去抽，那样我会很感激你们的。”作为员工，肯定知道自己犯了错误，破坏了公司的规章，可听夏布先生这样客气地同他们说，还分给了每人一根香烟，心里就更感到羞愧了，他们在保证以后不在这里吸烟的同时，肯定还会在心里敬佩夏布先生。

让我们再看看贾可布太太是如何让散漫的建筑工人养成完工后清理的习惯的吧。

贾可布太太为了整修房屋而请来了几位建筑工人。起初几天，她发现，这些建筑工人每次收工后都把院子弄得又脏又乱。可他们的手艺却让人无法挑剔，贾可布太太不想训斥他们，便想了一个好办法。

一天，建筑工人收工回家后，她便偷偷地同孩子们一起把院收拾整齐，并将碎木屑扫好，堆到院子的角落里。到第二天工人们来干活儿时，她把工头儿叫到一边大声地说：“我真的对你们在收工前将我的院子打扫得这么干净而高兴，我很满意你们的举动。”之后，每到收工时，工人们都自觉地把木屑扫到角落里，并且让工头儿做最后的检查。

由此可见，间接的，友好的方式要比直接批评好得多。当然，如果你的确是对他人的做法不满，你大可以暗示他，如果你的暗示引起他人的愤怒，你就得实行一个切实圆滑的讲话方式改变整个局面了。那就看看下面的例子吧。

威廉二世曾是德国最后一位皇帝，他总是目中无人。他组建的军队强劲有力，在战场上取得了无数次的胜利，也曾经一度夸口说要征服世界。但是他总是蔑视一切，口出狂言的发表各种让人难以接受的言论，使他在欧洲引起了很大的不满。

有一次，他代表德国出访英国，又开始了自大的荒谬演说，他说德国是和英国唯一友好的国家，并说要筹建一支海军，对抗日本的威胁。之后，他仍然继续他的狂言，他说是他率领德军打败了苏俄，使英国得以被挽救，到最后他居然说由于他的筹划，才使英国罗伯特爵士在南非打败了波尔人。与此同时，他让英国的《每日电讯报》将他这狂妄的言论刊登出来，结果在许多欧洲国家引起了轩然大波。

纵观欧洲各国家的发展史，从来没有哪一位国家的君主敢发表这样荒唐无理的言论。欧洲的许多国家都为之震惊。尤其是英国人民，他们气愤异常，感到自己的国家受到了极大的侮辱。而在德国方面，许多德国官员也认为这次访问相当失败，就连威廉二世自己也认识到了错误的严重性，没法收场了。实在没有办法解决，他就征求了当时的帝国总理大臣布洛亲王的意见，希望他能承担这次狂妄言论的后果，承认这些难以置信的话是他让威廉二世说的。

布洛亲王心里非常不情愿，他说："皇帝陛下，你的做法的确是有欠考虑的，而我也不会为此承担莫须有的骂名，而且事实上德国和英国都不会相信我有这么大的权力让您说出这些话。”布洛说完后就有些后悔。

威廉二世果然相当生气，大吼道：“你的意思是说我非常愚蠢，你很聪明了。”

布洛赶紧把话题转移，说：“我真的没有那个意思，您误解我了，我根本不能和您相比，您在很多方面都胜过我，无论是军事还是海洋方面。您在自然科学方面的造诣就更不用说了，每次我都喜欢听您讲无线电报、爱琴射线、晴雨计等方面的知识，为此我十分佩服您的学识。而我对此却一无所知。所以，我尽力培养自己在历史及政治上的知识，来更好的辅助您的统治。”

威廉二世见布洛亲王如此坦诚地讲了自己的不是，并且热烈地赞扬了他的优点，便原谅了他，并且语重心长地说：“我也知道，所以我才常说，让我们两个人取长补短，更好的工作，这样才能闻名于世，让我们团结在一起，努力奋斗吧!”

于是，两个人双手紧握了许久，威廉二世还激动地对布洛说：“如果让我知道有谁讲你的坏话，我就一拳把他的鼻子打歪。”

由此可见，布洛亲王是一个圆滑的交际高手，他及时解救了自己，做了有效的让步。他提到自己的短处和对方的优点，这是缓和矛盾的最好方法。而且他还让蛮横的威廉二世改变了他暴躁的态度，可见委婉的批评和圆滑的言语的确会让事情做得相当好。

卡耐基先生的小侄女约瑟芬从学校毕业后，就来到纽约担任他的私人秘书。尽管她已经毕业了，可是由于她做事情缺乏经验，所以难免做错一些事情，这让卡耐基先生有时非常生气。

一次，约瑟芬又犯了错误，卡耐基本想狠狠批评她一顿，让她吸取教训。但是，他仔细想了想，对自己说："等一下，想想约瑟芬才多年轻呀，你自己的年龄比她大好多，所以你的经验比她丰富。你怎么能用你自己的标准来要求一个刚步入社会的小女孩儿呢？再想一下，你自己19岁的时候在做什么？也许比她还要迟缓和愚蠢呢！"

卡耐基经过仔细的思考后，感觉约瑟芬做得还是相当出色的，他后悔在此之前没有注意到她的优点，没有对她的工作加以赞扬，反而一味地关注她的缺点与错误。所以，在以后的工作中，卡耐基尽量委婉地批评约瑟芬的错误。他对她说："约瑟芬，其实你犯的错误，我年轻时也经常犯，而且比你犯得更多。没有一个人生出来就会做事，永远不犯错误，经验是要从工作中一点一点积累起来的。我像你这么大时，做过许多糊涂的事，所以我没资格批评别人，但我希望你能做得更好些！"

约瑟芬听完卡耐基先生的话十分感动，她欣然接受了批评，并在今后的工作中更认真，而且她还在后来的工作中积累了许多经验，并及时改进了不足之处。最后，她成为美国知名的秘书之一。

可见，巧妙地、委婉地劝说别人的错误，不但能将我们的意思表达，而且还能使一个人走向成功。记住，要想使别人虚心接受批评，就要注重劝说的技巧，一定要委婉地指出他人的错误，切勿直言批评。

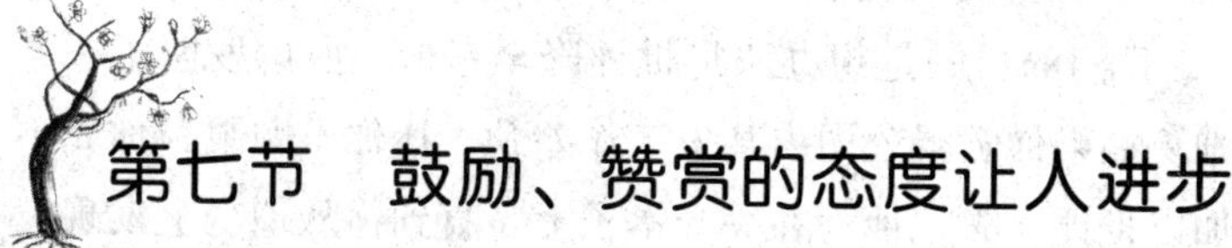

第七节　鼓励、赞赏的态度让人进步

如果你一定要给他人挑错，那就从赞扬、鼓励的方式开始。用鼓励的方式开始，就像牙科医生用麻醉剂一样，尽管病人仍会受钻牙之苦，但却能消除许多疼痛的感觉。

的确，当我们听到别人赞扬我们的长处后，再去听那些令人不快的批评，感受确实会好一些。

柯立芝总统在执政期间，我的一位朋友被邀请在一个周末去白宫做客。当他准备进入白宫总统办公室时，听到柯立芝总统对他的女秘书说："你今天的衣服漂亮极了，你真是位聪明漂亮的女孩儿。"

一向沉默寡言的柯立芝总统从来不喜欢称赞别人，但这次称赞使他的女秘书不知所措地露出了羞怯的表情，但她心里却十分高兴。总统接着说："不要难为情，我说这些话是希望你能高兴些，但是，我希望你能对公文上的标点稍微注意一点，那你就会更完美。"

想想，柯立芝用的方法尽管太过明显，但其心理策略却很高深。一般情况下，我们听到别人对我们的赞扬后，再听取批评，会舒服得多。

在我们指责他人之前，应先给予他人真诚的赞赏与感谢，就像电影《万能保姆》中女主角玛丽唱的"一小匙糖能帮你咽下一口苦药"一样。

南美的桑达公司总管安德鲁就使用了一种行之有效的指正

方法。他的公司规定有一条名为“三一律”的规章制度。他说：“我们的目的是想办法将批评降至最低，所以发明了一条规则。如果你觉得公司内某人工作差劲，让你不顺眼，你先不要加以批评，先把他写在一个本子上。直到你从他身上发现三处优点，你才有权利向他提出并指出他的不足。”这真是一种绝妙的好办法。

不久以前，我有一位40岁左右的好朋友订了婚，他的未婚妻希望他能够学一些新鲜的跳舞功课。他对自己信心十足，因为他20岁时曾经是学校的舞王。他向我诉说了他请舞蹈老师的经过。“我请的第一位老师居然告诉我说我跳得一点都不正确，她说她的目的就是让我全部放弃，从头开始学起。要知道，我可没耐性从头学。所以我把她辞退了。”我的朋友如实对我说。

他又接着向我讲了他对第二位老师的态度：“我更喜欢那位说话中听的老师。她并不像第一位老师那样完全否定我，而是平静地说，尽管我的舞姿有些过时，但还是有很扎实的基本功的，而且她还向我保证用不了多长时间，我就可以做到最好。我不接受第一位老师是因为她一味地强调我的错误，完全否定了我的优点，令我灰心丧气。但第二位老师先肯定了我的优势，这使我信心倍增。她那一句‘你一定会成为最棒的舞者’鼓舞了我的信心，尽管我深知自己差得还很远，但还是喜欢听别人的赞赏的。”

可见，宽容他人，鼓励他人，会很容易把事情做好，使对方知道你相信他有能力去做，也会为开发他自己无限的潜能提供很好的动力。

家住费城的米高先生是我在费城授课时的一位学员，他在一次演讲会上讲了他亲身经历的一件事。

华克公司在费城承包了一项建筑工程，在规定时间内建立一座现代化的办公大厦。在建立初期，一切都在计划的正常轨道上运转，但是在大厦将近完工时，出了一个问题，就是负责供应大厦内部装修的铜器经销商无法如期交货。这样，整座大厦都停了下来，面对着巨额罚金及损失，华克公司陷入了绝境。

他们想尽一切办法和那位承包商洽谈，但都没有作用。于是，他们派米高先生和那位固执的经销商进行了一次面谈。

米高先生走进那位经销商的办公室，说的第一句话是："您可知道，在布鲁克林区，您这样的姓氏可就您一个人。"

那位经销商有些吃惊，回答说："是吗？我对此一无所知。"米高继续说道："因为今天早晨，我下火车就在电话簿中查找您的电话，发现您的姓氏非常特别。"

经销商对米高先生的话题十分感兴趣，随后说道："是的，我的姓氏是很特别，我们家族是从荷兰移居过来的，到现在算起来也应该有两百多年的历史了。"接着，他就兴奋地介绍了他家族的创业史。与此同时，米高先生也在不停称赞他的铜器厂的规模，说它和他见过的别的工厂相比有着天壤之别等等。

经销商自豪地说："这可是我花了将近一生的心血才建立起来的，让我带你去到处参观一下吧。"

米高先生随着这位经销商参观了他干净整洁的工厂。他不断地说工厂的组织很健全，并对一些特别的机器大加赞赏，而那位经销商也高兴地说那些机器是自己花费了多年的心血研制出来的，并向米高说明了机器的操作方法及其优良的性能，并执意邀请米高先生共进午餐。在这期间，米高对这次访问的真正目的只字未提。

吃过午饭，经销商主动对米高说："朋友，我们现在谈正事吧。想必你这次是为那份合同的事而来的吧？我们相处的这半天里我感到十分愉快。我向你保证，在你回费城后，那些你们所需的材料会如期运到，保证不会耽误你们工程的进行。"

米高在这次面谈中并没有开口谈见面的目的，便完成了任务。而那些材料也都如期到达，整幢大厦的装修也都如期完工。设想一下，如果米高没有用这种方法面对那位经销商，事情的结果又会怎样呢？

把赞美送给别人，就像把食物送给饥饿的乞丐，在许多时候，它就像维生素，是一种最有效的食物。所以，当你想让人改正错误，说服他人时，就请你从真诚的赞美和欣赏开始吧！

第六章　合理安排自己的工作

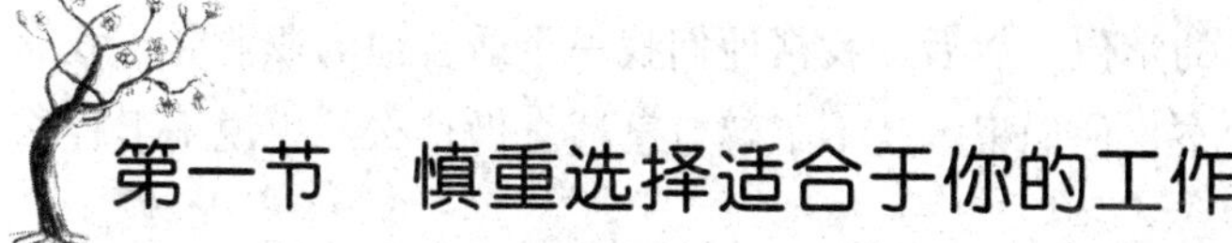

第一节　慎重选择适合于你的工作

一个人若是无限热爱自己的工作，那就会更容易接近成功，所以，一项适合于你自己的工作，对一个人的成长而言是相当重要的。

生活中，如果可以实现的话，那就尽量找一个适合于自己的工作。我曾问过著名的轮胎制造商大卫·古里奇什么是成功的第一步，他回答我说："那就是干一份你喜欢的工作。如果你所从事的工作是你喜欢的，那无论工作多久，也不会感觉累和厌倦，反而会觉得像玩儿游戏一样的刺激。"

爱迪生也是如此，他曾是一个没有进过学校的报童，可他却是后来推动美国工业革命进程的历史性人物，爱迪生为了研究他的实验，可以待在实验室里辛苦工作整整十八个小时，并且在那里吃饭、睡觉，但是他从没为此喊苦喊累。他还说过："我一生中从未从事过任何工作，因为我每天都其乐无穷！"

这些伟大人物的成功，也许就是因为从事了他们喜爱的工作。

对于平凡的我们来讲，也许你会说，我刚刚毕业，根本不知道自己适合什么样的工作，怎么能对工作产生兴趣呢？

曾为美国家庭产品公关部主任的卡尔夫女士说："在我这么多年的工作中，让我觉得最遗憾的事就是，有许多年轻人根本就不清楚自己到底适合什么样的工作。若一个人只是想靠获得工资而工作，而不是靠自己的兴趣，那真是太可悲了。"卡尔夫还说："当一位大学毕业生找到我，并告诉我他们获得了什么样的学位，然后让我帮他们找一个适合他的职业时，我总是很无奈。他们根本就不了解自己适合做什么，更说不上什么梦想。"

事实上，能否正确选择你的工作，对你的健康也会有影响。有研究表明，使人长寿的第一因素就是找到一份适合自己的工作。就像克莱尔所说的："为那些找到心爱工作的人祝福吧，他们已不用乞求其他幸福了。"

最近，我和索尼石油公司一个叫保罗·波恩的人事经理谈论求职人员的情况。在一个晚上的深谈中，波恩告诉我，他在过去二十年的工作生涯中，接见了大约有七千五百名求职人员，还出版过一本名为《求职六大法宝》的书。应该说他对这方面是相当了解的。我问他："波恩，现在年轻人求职时，所犯的最大毛病是什么？"

"有些人的确很糟糕，他们中有些人竟然都不知道自己想干些什么，喜欢干什么，"他耸耸肩说，"这真叫人吃惊啊，人们花在购买一件穿几年就要扔掉的衣服上的心思，竟比选择一个关系到将来命运的工作要多得多——而他们将来全部的幸福和希望都只靠这个工作啊，真是匪夷所思啊。"

面对竞争如此激烈的社会，你会怎么安排自己的工作呢？

随着一种名为“就业指导”的职业兴起，也许会给你提供一些就业的帮助。但这也许会损害你的一生。这种行业存在着许多不足之处，曾经有一位职业辅导员建议我的一位学生去当作家，理由就是因为他的词汇量很广，这是有些荒唐而可笑的理由。所以他们只是起到了提供建议的作用。切记，最后做决定的还应该是你自己。这些指导并不是非常可靠的，这个行业离你所要求的还很远，所以关键时刻还要靠你自己。在你了解了许多人的不快和沮丧都是因为工作不适合自己而引起的之后，你就要重视这个问题，一个人若是从事他不喜欢的工作，那将是他人生中最大的遗憾，也是社会最大的损失之一。

让我们来看看强森的例子。

强森的父亲在城里开了一家干洗店，他将儿子请到店里，希望他能够接管这家干洗店。可是，个性好强的儿子却对干洗店的工作不以为然。所以，在工作时总是不认真，打不起精神，除了一些不得不做的活儿以外，几乎什么也不管，甚至有时连来都不来。面对这样的儿子，他父亲十分寒心，他为这个不求上进的儿子而痛苦万分。

直到一天，强森向父亲坦露了自己的愿望，他想当一名机械师，并希望在机械厂上班，父亲听后有些茫然，最后还是拗不过儿子，答应了他的请求。于是，强森开始了他的机械工的工作。尽管他每天要做比干洗店苦几倍的活儿，而且还要身穿油腻的工作服，工作时间也无限加长，但他丝毫不感觉疲惫，反而很快乐。因为这些都是他的爱好。工作之余他还学习了工程学、机械装备学、引擎等各方面的知识。最后，终于在机械制造上获得了巨大的成功。经他研制的轰炸机，帮助盟军赢得了世界大战，而他自己也成为了波音公司的总裁。

想想，如果当年强森没有离开父亲开的干洗店，那会是一个什么样的结果？

当我们面临工作选择时，请不要贸然地从事某项工作，一定要选择一个你喜欢的工作。所以，人生中一定要找一份适合自己的工作，这会对你的成功及健康起着至关重要的作用。

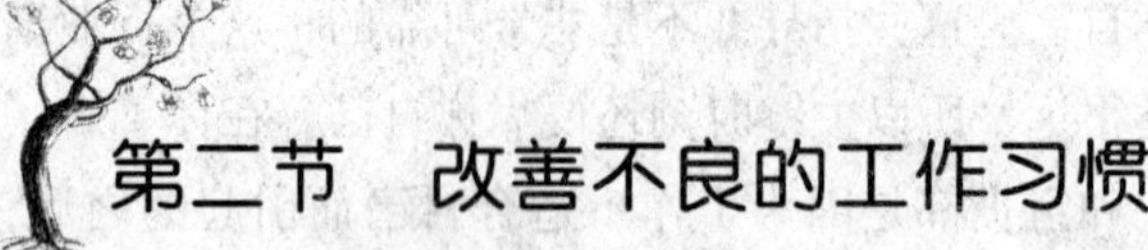

第二节　改善不良的工作习惯

不知你有没有这样的感觉，当你在办公桌上看到一封未回的信件，或是未完成的年度报告以及一些备忘录时，你定会感到紧张而烦恼。然而比这种情况更令人心烦的是，这些纸张不断地督促你，“有这么多事情要做，可哪来那么多的时间去做呢？”这种没秩序的、强压下的工作不但会使你心烦意乱，更严重的是还会导致许多恶性疾病的降临。

所以，要想让我们的心情更加舒畅，工作更加顺利，就要改变你原有的不良的工作习惯。

首先，我们要让我们的办公桌看起来有条不紊，把一些不必要的文件全拿开，让桌上仅放有正在进行的文件。

曾任西北铁路局局长的山姆士说：“凡是办公桌上摆放得整齐有秩序的人，都会比那些桌上乱七八糟、没有头绪的人干起工作来要轻松得多，别小看这么一点不同，这可是轻松工作、提高效率的起点。”

在华盛顿国家图书馆中，大厅的最上端悬挂着一个醒目的牌子：“天堂的策律——次序”，这出自著名诗人彼普之口。

其实，不光图书馆中需要井然有序，在工作中，次序也应该被排在第一位。很多人的办公桌上都还摆放着几星期前的文件或报纸，在一堆堆杂乱无章的资料中，工作紧迫的压力会越来越让你感到窒息难耐，最终导致各种疾病的产生。

约翰是一位资深的医学教授，他曾经在一篇名为《相似于精神功能疾病的其他多个疾病》的论文中阐述过这样的观点："一种受压迫、必须尽你的义务的感觉，就如同心中有堆积如山的事要等待去做。"

这种永无边际，但不得不做事情的感觉，到底能否因为清理办公桌就会消失呢？答案是肯定的。著名的心理学家山德勒在一名有忧郁症的病人身上做了这项简单的实验，从而验证了这种说法的可行性。

这位病人是纽约一家大公司的行政主管。当他第一次见到山德勒医生的时候，情绪相当低落，他已被忧郁症困扰了多年，他在公司工作时总是处在一个紧张的状态，常感到压力过大，而为了养家，他又不能就此辞职不干，于是，他找到山德勒医生寻求帮助。

"他刚到我办公室准备向我叙述他那糟糕的心情时，就被一阵急促的电话铃声打断了，我不得不先接下来，是一位原来的病人向我咨询用药问题，我当即给了他答案，解决了问题，很快就放下了电话，可我刚放下电话，铃声就又响了起来，是一件紧急事件，我花了一点时间与对方研讨，最后我圆满地回应了对方，挂上了电话。还没等我挂好，办公室的门被敲响，我的一位护士向我汇报病人的情况，我简单地做了记录，回过头来，不好意思地向站在我面前的病人说：'实在抱歉，我太忙了，让您久等了。'可是，那位病人看上去情况很好，没有了原来忧郁的表情，仿佛像变了一个人似的。"

"没有什么的，医生。"那位病人对山德勒医生说，"我想，我看到了我的症结所在，我要回到办公室，从新改善我的工作习惯。也许可以有所帮助，不过，我能否看一下您的办公室呢?”

“当然可以。”山德勒医生爽快地说。

那位病人环视了一下办公室，发现办公室的摆放相当整齐，让人觉得很醒目，当他看到办公桌上只有几份文件叠在那里，而跟自己那凌乱的办公桌形成鲜明的对比时，不禁问道：“能否告诉我，您是怎样处理您的文件呢?”

山德勒从容地回答说：“把它们都办完，不会放在抽屉中等待的。”

病人接着又问：“那没有回完的信件呢!”

“都回过去了呀!”山德勒肯定地说道，“我从不把没有回的信放在桌上，只要一有信要回，我就立刻口述给我的秘书，然后回复给对方。”

那位病人听了大受启发，他决心回去以后将原来的工作方式做一次大的改进。

一个多月后，病人请山德勒参观他的办公室。

山德勒小心地走近他的办公桌，发现桌上没有一件多余的东西，拉开抽屉也不见任何一件没有办完的事，于是会心地笑了，他觉得这位病人的忧郁症可以治愈了。

那位病人自豪地对山德勒说道：“医生，要知道一个多月前，我的办公桌还一片杂乱，我每天都在这样一种杂乱而没头绪的环境中工作，时间一长，压力就越来越大，仿佛总有办不完的事情一样。但是，看到你整洁的办公桌及麻利干脆的工作方式后，我决定回来收拾我的办公桌。我把之前所有过期的资料都处理掉，让办公桌干干净净。这样，只要一有事情，就马上办妥，再不用面对那些没用的东西而苦恼了，我紧张焦躁的心情也消失了。所以，现在我快乐多了！”

可见，漫无目的的消耗自己的精力，以及看起来无止境的工作，给一个人的精神带来了多么严重的损害。

其次，我们在养成良好的工作习惯时，要注意先从较重要的事情做起，不要不分轻重缓急。

让我们看看下面成功人士的工作方式吧！

卢克曼出身贫困，但却一步步由一个普通工人爬升至了一家大公司的总裁。他每天有 10 万元的薪金，另外还会额外获得几百万美元。他这样叙述的他工作方式：“从很小的时候起，我每天不到 5 点就早早起床，计划当天应办的事情，因为那个时段是我最清醒的时候，我会按照重要性来安排我要处理的事务的顺序。”

贝特利是全美著名的保险推销员之一，他每天临睡前就会对第二天要做的事情拟好计划，给自己提出目标。

当然，不是什么事都可以用轻重缓急办得到的，那你至少也应按撰写的计划去做事，这样比随心所欲的办事有效率多了。

倘若萧伯纳没有给自己拟定严格的计划，每天写下 5 页书，一共持续九年时间。那他会一辈子只是个农行的出纳员，他在 9 年间总共赚下了 30 万美元，平均每天才 1 分钱。但就是因为他坚持按计划工作，最后成了美国著名的文学家。

再让我们想一下，即使是《鲁滨孙漂流记》的男主角被困在了一个荒无人烟的小岛上，也始终没有放弃每天给所做的事拟定计划呢！

还要说一点。在工作中，我们很多人不懂得如何授权他人，尽管提到授权于人并不是件容易的人，但作为主管的工作人员，还是很有必要学会如何委派他人做事的。

作为一个大企业的高级主管，不可能事必躬亲，这就需要及时地将事情委派给下属，否则你永远也免不了疲于奔命。

下面还有一些关于如何驾驭工作压力这匹烈马的建议，怎样才能使它成为您事业成功的动力，而不是成为您发挥自身能力的障碍呢？或许这些也会对您有所帮助的。以下程序可供参考：

1．设定一个切实可行的目标要充分考虑到自身的特点，因为每个人都有稳步发展的长处和短处，在选择目标时要注意扬长避短，充分发挥稳步发展的长处。另外还要考虑到实际的客观条件是否具备，这就像盖房，光有设计蓝图（理想）还不行，还应该有砖、水泥、钢筋等建筑材料（能力、机会等），在建筑材料有限时去盖摩天大楼，就必然会半途而废，永远达不到目标，这时应该根据现有材料，设计建设一栋“具有特色的建筑”，它能让您同样找到“成功的感觉”。

2．制定实现目标的计划。要达到目标，就像上楼一样，不用梯子，一楼到十楼是绝对不可能一下子蹦上去的，而且蹦得越高就摔得越狠（失败、挫折）。必须是一步一个台阶地走上去。制定计划就像设计楼梯一样，将大目标分解为多个易于达到的小目标，那么您一步步实施计划时，每前进一步，达到一个小目标，都能使你体验到“成功的感觉”，而这种“感觉”将强化您的自信心，并将推动您稳步发展潜能，去达到下一个目标。

3．生活规律化，即有劳有逸，应该注意保证睡眠时间和饮食规律，在工作之余给自己留点时间，做些自己感兴趣的事情，如打球、钓鱼、书法、绘画、音乐、烹饪、郊游、睡懒觉等，都能使您紧张工作的大脑松弛下来，这能使您在下一个工作单元中保持较高的工作效率。长期、持续、紧张的加班工作，不但提不高工作效率，还会影响您的身体健康。

4. 适时地转移。如果条件不具备，通过多方面的努力仍不能达到目标，那么您应该分析一下，这个目标，对于您是否合适。如果不合适，再努力下去也只能是失败，就像是一楼向十楼蹦一样，再蹦下去只能是多跌几个包（挫折、失败），这时您可以说一句“我尽力了”，适时地退出，重新设立新的目标，就像俗话说的“别在一棵树上吊死”。

以上是我的一些建议，希望这些方法会对您在工作中减压有所帮助，为了不让自己更加疲惫与压抑，那就请及时改变您不良的工作习惯吧！记住可行的方法，让您的桌面更整洁，拣重要的事去做，学会授权于人，适当给自己减压。

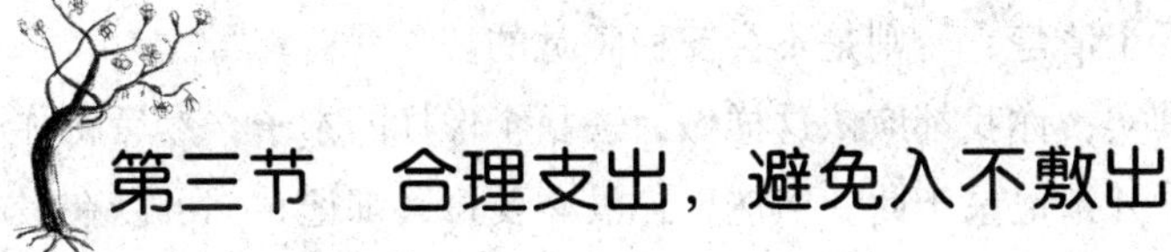

第三节　合理支出，避免入不敷出

据《妇女月刊》做的一项调查统计，我们有 70% 的烦恼都与金钱有关。盖洛普民意测验协会主席乔治曾说，他做过多方面的研究，绝大部分人都相信，只要再把他们的收入多加 10%，就不会有大的财政困难了，也许 10% 的收入可以使你摆脱金钱的困扰，但是，绝大多数例子并非如此。

曾担任纽约地区财政顾问的爱尔茜女士说：“对许多人来讲，多赚一点钱往往并不能帮助他们解决难缠的财政问题。事实上，我们不难发现，因为收入的增多而带来财政问题增多的例子并不少见。收入的增加往往会徒然增加支出。其实，令许多人头痛的并不是没有足够的钱，而是他们根本不知道如何合理地去花掉它们。”

的确，埃尔茜女士的观点非常适用于那些入不敷出的人或家庭。那么，我们就更应该学会精明地花费自己的金钱。

首先，有计划有预算的花费，能够保证你的家人从收入中得到合理公平的分享，而不是随心所欲、漫无计划的浪费。这就像和一些公司拟订年度计划一样，而我们所做的是拟订花钱的计划，然后按计划实施。

记住，当关系到你的钱时，你为之拟订计划就像是在为自己经营一项宏伟的事业，那么，我们应该如何计划和拟订目标呢？以下的规则对你也许会适用。

把你的开销记录在本子上

约翰·洛克菲勒每晚祷告之前，都会把一天中花费了几便士都弄个清楚，否则是不会安稳睡觉的。

其实，你我都应该这样做，去找个像样的本子，然后将你的日常开销记录于此。当然，你没必要每天都记，你可以在最初的一两个月将所花的钱全部记录下来，这样，我们便可以清楚地知道你把钱都花在了什么地方，然后便可以拟订一个预算。

通常，当人们将所花的钱一笔不漏地记录在小本子上后，都会惊讶地大叫：“天！难道那么多钱都花在了这种没用的地方上了？真是令人难以相信。”

我有一个朋友，一次，他们夫妇俩像平时一样整理当日的账单，记录花费的情况，他们突然发现每个月的账单上大约都有70美元花费在买酒上。这令他们十分惊讶，因为他们都不是酒鬼，只是非常的好客，总是喜欢在周末叫朋友到家中小聚，这当然需要酒，所以才导致有那么多开支花费在买酒上。于是，夫妇二人商量后，决定不再开免费的酒吧了。那70美元也因此有了它更好的用处。

所以，用一个本子将你近期的开销全部记下来，然后做仔细地分析，避免以后不必要的开销，这是一种行之有效的理财方法。

给你的开销做一个合理的预算

假设有两个极其相似的家庭，他们的房子相同，都在郊区，家庭成员一样，收入也一样，但是，他们的家庭预算却永远不会一样的。因为他们的家庭需求不同，每家都有自己的特点，所以预算一定要针对你自己的方式拟订。

其实，做预算的真正意义是要我们有一种“物质超越感”。真正依据预算而生活的人，一定也会感到没有压力，十分快乐。

那么，我们普通家庭生活具体应该怎样拟订预算呢？

我们可以把一年内的花费全部列出来，比如：一日三餐及食物、房租、水电费、保险费等必不可少的开销，当然，有些其他的开销也要算一下，比如：衣服、医疗、交通费、教育子女费用等等。然后再看一下哪一个是最需要的，而哪一个是没必要开销的。我们完全可以自己做衣服，而把省下来的钱买一台电视，因为你一定希望拥有更舒适的家而放弃购买没必要的衣服吧。当我们不能买下所有东西的时候，就应该挑选最需要的东西购买。最后，在全家人商量比较后，运用到下一个季度或月度的生活中，想必对你的生活开支会有很大的帮助。

面对增加的收入要慎重使用

在美国，年收入 5 000 美元是一笔不小的数目了。但是许多家庭经过不懈奋斗达到 5 000 美元的标准后，他们会在郊区买一幢房子，然后再买一部高档轿车和一套新潮的家具，以及数不清的衣服和食物。可是，当他们回过神来看到了自己存款的赤字时，就会更加忧虑了。因为随着收入的增加，他们的花销也变得没有节制了。

我们都希望过上美好幸福的生活，但是这一定要在合理的前提下，否则，即便收入再丰厚，也会被债务所牵累。我们不要等债主来敲我们的门或催账单塞满了信箱时才反应过来。

让孩子养成对金钱负责的习惯

我们要教育孩子从小养成节俭，对金钱负责的好习惯。

托蒂曾在《你的生活》杂志上发表的一篇文章中叙述了她是怎样教导小女儿养成对金钱负责的好习惯的。她在女儿9岁时将一个特别的储蓄存折送给了自己的小女儿。每当女儿领到自己的零用钱的时候，就将自己的钱“放入”那本存折中“存起来”。而当她想用钱的时候，就要从那小本中取出来，然后在小存折上做详细地记录，从中支取了多少，结余有多少。小女孩儿从中得到了许多关于储蓄的知识，并且培养了自己对金钱负责的态度。这其实是教育子女对钱财使用合理性的一种良方。

投保意外保险

很多预算专家都建议家庭最好购买一些意外保险，比如投保一些主要的意外伤害事故。万一出了什么事，不但要花费许多金钱，还会带来许多麻烦。况且这些保险的费用都不是很贵。

比如医疗保险，我认识的一位妇人因腰部受伤而在医院待了半个月，但是，她出院后只向医院交了8美元，为什么呢？因为她买了医疗保险。所以说不怕一万，就怕万一，有了保险，就不必为突如其来的事故担忧了，在现代生活中，这也应该算合理理财的有效途径。

储蓄你年收入的10%

财务专家说，如果你能节省年收入的10%，那你们即使不富裕，也可以在几年后生活得很优越。将年收入的1/10存进银行或做没有太大风险的投资是相当必要的，因为这会让你不用承担过大的消费压力，做到了对钱心中有数。节约可以为今后的生活带来意想不到的收获与喜悦。

在生活中合理地安排金钱，对我们每一个家庭来说都至关重要。虽然金钱并非万能，但如果可以聪明地处理自己的金钱，会为我们的生活带来更多的平静、祥和与幸福。

所以，让我们变成生活中的理财高手，再不用为金钱的入不敷出而痛苦不堪吧。

第四节　求取工作与休闲间的平衡

要想成为优秀的管理者，一定是一位平衡完整的人。在事业与生活中能够很好地相互平衡，对一位事业有成的成功人士是必不可少的。

一个成功的人，要学会充分享受平静的生活，给工作以外留些空闲的时间，这是相当必要的，当你工作休闲兼有之时，你不仅会感到生活的愉快，更会使你在事业上精力充沛，效率提高。

致力于教会工作的哈德门为教会献出了自己的青春年华，他对工作极为认真，对上帝及他人虔诚的服务，得到了众人的好感与对他工作的认可。贴近群众，关注弱势群体是他的主要职责。此外，他还肩负着灵修辅导，指点迷津的工作。尽管他在工作上有出色的表现，但内心中却总感觉缺少些什么。

不久，他的父亲便和他通了电话，并要求能和他当面谈谈。哈德门答应了父亲的请求，并约定在街角的咖啡厅见面。

哈德门自从在教会工作以来，一直全身心地扑在了自己的工作中，他被派到长岛工作后，与法明岱市的父母分离两市，长这么大从来没有和父母有矛盾，但这次电话让哈德门听出了父亲口中的不满。

于是，在约定的地点，这对父子见了面，仿佛是商业洽谈的情景。还是父亲先开了口，他语重心长地对哈德门说："孩子，你的工作我们大家都有目共睹，你善良、勤劳、对工作尽职尽责，帮助过许多需要帮助的人，我和你的母亲都以你为自豪。但是，你是否觉得你太忽略你的家庭了呢？我们理解你工作需要投入大量的精力与时间，可你在工作之余也不要忘记你家中的亲人呀？每次你都是有事情才会打电话给我，然后连句问候的话语都没有，更不要指望你特意回来看我们了。"

哈德门听后有些不安，但又觉得自己有些委屈，他对父亲说："可是我没有时间呀，我在专心致志地工作，在很小的时候，我就很崇拜您在工作上的敬业精神，并视您为自己的偶像，而我不过是做和您当年同样的事而已。"

哈德门的父亲听后极为不满，他说："我们是不一样的，我当时尽管有很多时间放在体力活儿上，但我每晚都会回家，问候家中的每一个人，难道你做到这些了吗?"

哈德门无话可说，很不自然地低着头，他父亲语气又转向了随和："我不再为难你，你回去好好想一想自己的行为，相信你作为教徒，不会想不明白这么简单的事情。"

与父亲分手后，哈德门情绪一直很低落，他一直在回想着父亲对自己的评价，心中回忆起一家人在一起的快乐时光，又回忆着自己因工作而对家庭的冷淡。于是，他将自己这几天的工作放了下来，给自己的兄弟打了电话，但是电话那头都是冷冷地问：“你想要什么？”他这才真正意识到自己与家人的距离跌到了什么地步，他终于明白了父亲的用意。

于是，哈德门开始弥补自己对家人的忽视，他每周都会抽空儿去拜访自己的父母兄弟，并和他们倾心交谈，关注他们的内心感触与身体健康，终于又赢得了大家的好感，而他自己也终于找回了他内心所缺的那个东西。

作为教会工作者的哈德门都会忽略与家人的沟通而忙于工作，何况我们普通人呢。所以在有效、合理地完成自身工作的同时，我们更应该多关注自己的家庭，做到工作与生活休闲的平衡，才会使生活、工作两不误，而且会更加成功。

不光是要在工作与生活中平衡，工作之余还要注重自己的休闲活动，在公司上班的职员都应该想到这件事，将自己放在休闲活动上使自己放松，以便更好地投入到第二天的工作中是明智之举。

作为美国一家有名的财务管理公司，泰勒公司的与众不同之处就在于员工工作的区域开设了一间各种设施齐全的多功能健身房，并且由总经理带头鼓励员工在工作之余都到此健身，以便使大家都能够得到休闲健身的机会。

该公司总裁总是兴奋地说：“我们过不了多久，就会将公司内部的健身房再扩大三倍，每当下班时，职员们都会迫不及待地跑来这里健身，他们已不愿再到别的健身房去了。这样一来，公司的职员不但在健身中得到了身体上的锻炼，他们还在此边锻炼边交谈，促进了同事间情感的交流，提高了大家在一起工作的默契感，这对公司也有极大的好处。

可见，成功的公司让员工在繁忙的工作中享受休闲时光，是绝对可以让公司有更好地发展的。一旦你从休闲中找到乐趣，你就会将这种愉快的心情持续到工作中来，没有人规定办公室一定要死气沉沉的。

著名的福特汽车公司也向我们做了个好榜样。其公司市场部部长理查自豪地说："我们的公司可以说是一个快乐的大家庭，大家彼此相处得相当友好。"每次有新人加入董事会时，他们都会给新人准备一份小礼物——一块可爱的小动物手表，并且友善地对他们说："欢迎你加入我们的大家庭，希望你能在此工作得快乐而有意义。当你工作感到疲惫时，请看看这只可爱的手表，希望它能够让你放松片刻。"

其实，在工作当中，无论公司的规模多大，都要试着将办公的气氛调和到最轻松。大家都像好朋友似的亲切地开一些玩笑，将话语说得更加幽默些，这将是一种很积极的办公室放松方式。

无论在工作、学习中，都保持一种平衡的状态，这是一件非常好的事。当然，家庭的力量也是无穷尽的。雷斯集团总裁说："我心中没有任何的犹豫，任何功名对我来说都不重要，在我的生命中，最重要的是我及我的家人。"

很多人都会赞同他的说法，他们也都认为家庭是最重要的，但是无数人只是有这种想法，却极少会付诸行动，因而忽略了人生中的许多乐趣。

学会欣赏家人、朋友和你自己，学会考虑合理安排工作和业余生活，过一个充实而轻松的生活是很有必要的。

要达到生活中的平衡，就要将工作与休闲相结合，千万不要认为把自己的时间投入家庭、运动、休闲是不值得的事，这不但不会耽误你的工作，反而会使你工作更加起劲儿，会使你的人生活得更加精彩。

第五节　将不利因素转化为成功因素

假若别人有两条腿，而我只有一条；假如别人富有，而我贫困；假如我长得丑，别人漂亮。无论哪一点使我与众不同，都可能成为我们的缺陷——只要你自己这么觉得。

对于喜欢逃避责任的人来说，困难是最好的挡箭牌。也许你常听到有人把失败抱怨为没有上大学，但倘若他们真的上大学，他们便又会找到更多的理由来欺骗自己。成熟的人则不会，他们会想尽办法去克服困难，而不是去逃避。

一生致力于研究人类内在潜能的心理学家阿尔弗莱德发现，人类有“扭转乾坤的能力”。

美国著名总统亚伯拉罕·林肯在当选国会议员时，有一次填履历表，在所受教育一栏中填写不全，因为在他的成长过程中，他受到的正规教育总共还不到 12 个月。他说他受的教育有限，在他年纪大了些时，他也仅仅会读、会写、略懂些算术而已。再后来便没有上过什么学。“我在受教育程度上是很小的，到后来我能有如此成就，完全是靠我后来日积月累起来的，我总是在不停地自学我所需要的东西来充实自己。”

由于家境贫困，林肯甚至到了 15 岁才开始识字，由于识字晚，他在阅读方面很差劲儿，基本的写作都不会，直到有一年的秋天，林肯居住的小镇来了一位乡村教师，并在当地建立一个小有规模的私人学校，让当地居民的孩子们识字。那时，由于家离学校较远，林肯总是和姐姐从四里以外的家里走到学校。林肯身穿短小的皮裤，在冬天，小腿总是被冻得通红，但是无论条件多么恶劣，林肯每天都坚持来到这所简陋的小学校上课。尽管他们上课的小屋又矮又破，课桌都旧得发黑，室内照明设备几乎没有，林肯仍然坚持来学。

由于家境贫寒，林肯根本买不起书本。每到发新书时，他都先向同学借一本书，然后拿回家，用同样大小的纸工整地将课本抄下来。最后用线缝好，作为自己的课本。5 年后，他又在另一所学校断断续续地上过学，后来就再也没有受过系统的教育。

但是，在环境恶劣的情况下，林肯并没有停止学习，尽管他不能像同龄人一样受良好的教育，他却更加勤奋地自学了许多课程。在他自学的过程中，培养了自己对知识热切的渴望和刻苦钻研的学习态度。他先后读了《天路历程》《鲁滨孙漂流记》《伊索寓言》《圣经》等经典名著。在他的阅读世界中，他提升了阅读能力，培养了写作兴趣。由于非常喜爱《圣经》和《伊索寓言》这两本书，他把它们放在自己身边，从不离手，一有时间，就拿出来拜读，从中感悟人生。

林肯没有足够的钱买书读，但他并没因此而放弃他喜爱的书籍，反而使他比原来更加勤奋。没钱买书，林肯就想方设法向别人借阅，这也提高了林肯的阅读速度。一次，他向一位农夫借阅《华盛顿传记》，每天傍晚都借微弱的日光看到不能再看为止，然后再把书放到枕边。第二天，太阳一升起，他立即爬起来借着晨光继续阅读。一天，由于他不小心将那本书淋湿了，物主看后大为不满，要他赔偿，由于贫困，林肯只好到农夫家做了三天农活儿来弥补那本书的损失。

由于家庭贫困，林肯没有充足的时间阅读学习，他总是抓紧一切时间学习。下地干活时，他常随身带一本书到地里，当人们休息时，他就坐在树下，掏出书来细细品味，一点儿不像干过繁重农活儿的人。

林肯就是在如此艰苦的环境中努力培养自己的阅读和学习习惯的。在每次的阅读中都积累自己的知识。尽管生活带给他许多困难，但他丝毫没有退缩，而是以实际行动面对不公平的人生，最终成为美国最伟大的总统之一。

有些人不敢直面困难，而有些人则截然相反，他们敢于面对困难，向困难挑战，从不幸中寻求成功。

一次，我访问芝加哥大学，与校长讨论如何面对苦难与不幸，他向我举例说："假如有一个柠檬，就把它变成柠檬汁吧!"这就是成功人士所采取的方法，例子简单却一语道出了人生的真谛。当自暴自弃的人将柠檬作为他人生中的负担时，成功的人就会问自己："我要从中学到什么教训？我将怎么把它转化成对我有利的因素？该如何使手中的酸柠檬变成甜柠檬汁?"

海伦·凯勒是一个极富传奇色彩的女孩，她在1岁多的时候，由于患猩红热而丧失了听力和视力，并且讲不出话来，命运对这个活泼可爱的小女孩儿简直太残忍了。由于父母的要求，一位来自盲人学校的老师苏利文帮助海伦学习，使她能够受到与正常人同等教育。

在老师的帮助下，海伦学会了盲文，苏利文让海伦在大自然的怀抱中直接感悟学习。因为海伦对具体事物接受起来比较容易，她可以在苏利文老师的帮助下触摸具体事物，这更容易使她识字。但是，当遇到抽象的词汇时，老师无法用具体的事物来让她感知，她花了很多工夫都不能很好地理解其中的意思。她一度沮丧地想放弃学习，但在老师的支持与鼓励下，她终于攻克了学习上的难关。

海伦凭着惊人的毅力和信念学会了点字阅读，并且学会了用特殊打印机进行写作，海伦在每天勤奋地学习中不断成长、充实自己。

海伦不满足自己的这点知识，还希望自己能受到更高一级的教育。她申请大学的入学考试，以出乎常人的力量，全力以赴地准备大学的入学考试。在学习上，她遇到了前所未有的困难，但是她并没有因此而放弃学习的念头。她顽强地克服了重重阻碍，终于如愿以偿地考入哈佛大学的雷德克利学院，成为哈佛大学第一位身患三重残疾的大学生，最后，她取得了优异的成绩，获得了哈佛大学的学士学位。

此后，海伦不断地在世界各地进行演讲，尽自己的所能为残疾人谋福利。她终身致力于残疾事业，给残疾人带去了福音和光明。实现了自身的最高价值。海伦·凯勒虽然身受三重残疾，但凭着她自身的努力与高尚的精神力量，赢得了“光明天使”的美誉。

萧伯纳常常对那些抱怨现状的人说：“人们常抱怨自己的境遇不佳，因此导致他们一事无成，但我就不相信这种说法。假如你得不到你所需要的环境，那你完全可以自己创造一个，让坏事变成好事。”事实上，如果你成天抱怨某件事，认为是环境所带来的不公平，那你就很难获得成功。

我年轻时，总是因为自己个子比别人矮而失落。过了多年以后，我才懂得，身高与许多我们身体与生俱来的东西一样可能好也可能不好，但这并不重要，它并不能阻碍我们的意志，与我们的成功与否也并没有至关重要的关系。因而，自身条件如何，完全看我们自己的态度而定。

生命中最重要的事情不是利用你所拥有的，只有愚蠢的人才会那样做。我们要做的是从失败和困难中吸取教训，努力去克服，并逾越困难的鸿沟，获得最终的成功，与此同时还少不了智慧的帮助。

倘若你希望自己具有良好的人生心态，那就请将自己的不利因素尽可能转化为克服困难的动力，让酸柠檬变成可口的甜柠檬汁吧！

第六节　合作竞争的魅力

一个人不可能独立地在社会中生活，人与人之间的合作与竞争是我们社会生存和发展的动力 。有句老话说得好，“驼负千斤，蚁负一粒。”说的就是骆驼虽然力量大，能担负起千斤，蚂蚁虽然力量小，但是由于众多蚂蚁的协作，也能完成任务。即使是在艰难的条件下，凭着智慧和团结的力量，最终也可以战胜困难，取得胜利。

亚里士多德说过：“人类是天生社会性的动物。”一个人的力量毕竟是有限的，而个人的力量很难突破时间和空间的阻碍。因此必须加入集体，发挥了团队精神才会显见成效。让我们看看下面那个例子吧。

有一次，查尔斯·史考伯手下的一名工厂经理来向他讨教，因为他的员工一直无法完成他们份内的工作。

“像你这样能干的人，”史考伯问，“怎么会无法使工厂员工提高工作效率呢?”

“我不知道，”那人回答，“我向那些人说尽好话，我说我会在后面推他们一把，我又发誓又诅咒的，我也曾威胁要把他们开除，但一点儿效果也没有，他们还是无法达到预定的生产效率。”当时，日班已经结束，夜班正要开始。

“给我一根粉笔，”史考伯说。然后，他转身面对最靠近他的一名工人，问道：“你们这一班今天制造了几部暖气机？”

“六部。”工人回答说。史考伯不说一句话，在地板上用粉笔写下一个大大的阿拉伯数字“6”，然后走开。夜班工人进来时，他们看到了那个“6”字，就问这是什么意思。“大老板今天到这儿来了，”那位日班工人说，“他问我们制造了几部暖气机，我们说六部。他就把它写在地板上了。”

第二天早上，史考伯又来到工厂，夜班工人已把“6”擦掉，写上一个更大的“7”。日班工人早上来上班时，当然看到了那个很大的“7”字。原来夜班工人认为他们比日班工人强，他们当然要向夜班工人挑战，他们加紧工作，那晚他们下班之后，留下一个颇具威胁性的大“10”字，情况显然逐渐好转。不久之后，这家产量一直落后的工厂，终于比其他工厂生产出了更多的产品。原因何在？

让史考伯用他自己的话来说明。“要使工作能圆满完成，”史考伯说，“就必须激起竞争。我指的并非是赚钱的卑鄙手段，而是激起超越他人的欲望。”

超越他人的欲望！挑战！是振奋人们精神的一项绝对可靠的方法。如果没有人向他挑战，西奥多·罗斯福可能就不会成为美国总统。当时，这位在义勇骑兵队中的战士刚从古巴回来，并被推选竞选纽约州州长。结果，反对党发现他不再是该州的合法居民，罗斯福被吓坏了，想退出。但就在这时，托马斯·科力尔·普列特提出了挑战，他突然转身面对罗斯福，大声叫起来：“圣璜山的这位英雄，难道只是一名懦夫？”于是罗斯福留下来接受挑战——其余的全是历史了。这项挑战不仅改变了他一生，而且对美国历史也有极大的影响。

“每个人都有所畏惧，但是，勇敢的人把他们的畏惧放在一边而勇往直前，可能结果会通往死亡，但最终总是通向胜利。”这是古代希腊帝王的言论。还有什么东西比克服困难的机会更具挑战性？查尔斯·史考伯深知挑战的效力，所以能激起员工的工作热情。而普列特和艾尔·史密斯也懂得这一点。艾尔·史密斯在担任纽约州州长的时候，就应用过这个方法。

辛辛监狱，魔鬼岛是西方恶名昭著的一座监狱，丑闻以及一些恶毒的谣言满天飞。史密斯需要一个强人来管理这里，但是，找谁呢？他派人把新汉普顿的刘易士·路易斯请来。当看到刘易士时，他诚恳地说：“你去主管辛辛监狱，如何？他们那儿需要一个有经验的人。”刘易士·路易斯非常为难，他深知辛辛监狱的危险。这是一个具有政治性的职位，是政治奇想中的攻击目标。而且监狱长来了就走，其中有一个只干了三个星期就无法坚持。他必须考虑他的前途，这是否值得冒险？

史密斯看到他犹豫不决，于是，往椅背一靠，露出笑容，说：“我不怪你吓成这样子，这的确不是个容易应付的地方，它需要一个强有力的人到那边坐镇。”史密斯提出了挑战，刘易士很喜欢去担任一个需要大人物坐镇的职位。于是他去了，并且坚持下去，成了当时最著名的监狱长。他曾接受电台的采访，他的监狱生活的故事也被改编成十几部电影。而他的罪犯“人性化”在监狱改革中带来了奇迹式的改变。

哈维·怀尔史东，伟大的火石轮胎及橡胶公司的创始人。他说：“我发现，光用薪水是留不住好员工的，我认为，是工作本身的竞争。”伟大的行为科学家之一佛瑞德瑞克·侯兹柏也同意这种说法。他深入研究了几千名从工厂员工到高级经理的工作态度，那么，他发现的激励工作的最大因素是什么呢，是工作具有刺激性？是钞票？是良好的工作环境？是福利？都不是。激励人们工作的主要因素是工作本身。如果工作令人兴奋和有趣，负责这项工作的人就会渴望去做，而且努力把它做好。这就是每个成功的人所喜爱的：竞争和自我表现的机会，证明他自己价值的、并超越了而获胜的机会。所以，如果你想使那些有精神、有勇气的人接受你的想法，请向他们提出挑战。

下面的分析或许对你理解合作与竞争有些帮助。为什么人要自立就要合群？这里有两个方面的因素。

首先，从客观方面说，人生的生存状态就是以群体的方式实现的，绝对孤立的个体不可能实现人生。因为，人自身生存所需要的物质资料和精神资料，不可能完全由个人的活动来取得和满足，而个人的体力、智力有限，所以只能在群体的活动和交往中得到发展。不仅如此，个人在生活中所遇到的困难，也不可能完全靠自己的力量得以解决，有时得靠他人或集体的协助、支持才能解决。所以，人必须相互依存相互联系才能生存。人是作为关系而存在的，这就是人生的生存状态。

其次，从主观方面说，人是能够意识到群体之间的联系的，因此应当在理智和情感上，自觉而主动地去适应和促成必要的、有益的群体关系。所谓"合群"，正是强调在认识客观存在的群体关系的基础上，自觉地、主动地去维护和促进群体的正常关系，使人生得到健康顺利地发展。如果客观方面所揭示的是人生的"生存"，主观方面所要求的就是"应该"。这就是说，人生不仅是群体的，而且应该是自觉去过群体生活，应该能够合群，并且善于合群。人只有这样，才能积极维护和促进群体的生存和发展，同时也才能使个体更好地自立。这就是个人只有在群体中才能得到发展的道理。

自立与合群，是人生得以全面发展的两个主要方面，特别是在现代社会商品经济普遍发展的条件下，要使个性和能力的全面发展成为可能，就必须把自立与合群结合起来，在竞争与协作中，全面发展自立与合群的能力。人的自立与合群，蕴含着积极的竞争与协作。竞争与协作，都是人类进取与事业成功的机制。积极的竞争，也可以称作良性的竞争，是人类生长完善和社会发展的普遍现象。不过在专制的社会制度下，这种竞争机制却得不到正常地、良性地施展，常常酿成嫉妒诡计，甚至厮杀；而在比较自由、民主的社会制度下，竞争能够得到正常的、良性的发展，在社会生活中普遍发生作用。

其实，最早普遍施展竞争的是英国，它也是与竞赛做同义理解的，而且做这种理解的就是讲出“人对人是狼”的霍布斯。在他看来，“奋力自强以图与对方相匹敌或超过对方，就谓之竞赛”。但这种竞赛如果加进自私的目的和手段，就会变为互相敌对和损人利己的争斗。由此，他提出保证个人生存权利的契约论和自然法，以约束个人的为所欲为。这就要求有为达到利己目的的履行契约的协作。

19 世纪的英国空想社会主义者威廉·汤普逊，曾经从功利主义观点对历史上的竞争做过比较分析。他首先肯定谋求利益的动机，对劳动者来说是一时也不可缺少的推动力。要充分发挥这种动力的作用，就要使劳动者有条件发挥自己的能力。这就是要使劳动者得到自己的劳动成果，并因努力劳动而得到奖励。如果用强迫劳动和专制统治的办法压抑劳动者，那么无论在经济上还是在道德上，都将是对社会的危害和损失。因此，他肯定个人竞争制度比起强制制度与非自愿制度来，具有很多的优越性。但是，鉴于资本主义私有制中的利己主义支配使竞争成为贪得无厌、损人利己、损公益私的手段，因此，他试图寻求一种既能保持竞争的优越性，又能避免竞争所带来的流弊的制度。按照他的理想，实行这种竞争加合作的制度，就能实现个人利益与社会整体利益的结合。

他的思想具有永久的魅力。竞争是生物界和人类社会的一个普遍规律。积极的、良性的竞争是应当肯定的。所谓竞争，就是充分发挥自己的才能，追求成功，并力求超过他人，成为先进者。这种竞争就是自立、自强、敢为天下先。在正当的行为下竞争，能使每个人的智慧、才能和人格，得到充分的展现，从而实现理想。

只有具有竞争力的自立自强的个体所组成的群体，才能有整体的活力和创造力，没有竞争的个体所组成的群体，是缺乏生命力和创造力的。因此，竞争是群体发展和富有创造力的根本机制。但是，个人的竞争性要能够正常发挥，同时必须发展群体意识，积极与他人协作、互助。

竞争本身是智慧、才能的比赛，同时也是品德、人格的比赛。在竞争中，竞争者一方面要不怕强者，不怕嫉妒，敢于争强，力求争先；另一方面，又需要善于同他人协作、互助，增强群体情感和合作精神。事实也应该如此，竞争本身就需要互助、信息交流、友谊鼓励和支持，在交际和协作中，得到知识，增长经验，提高取得成功的可能性。正是竞争激发着人们强烈的协作愿望和行动，所以竞争与协作才是人生的真谛。如果你想事业有成，就请你从现在开始试着去竞争和协作吧！

第七章　为你的生活增添光彩

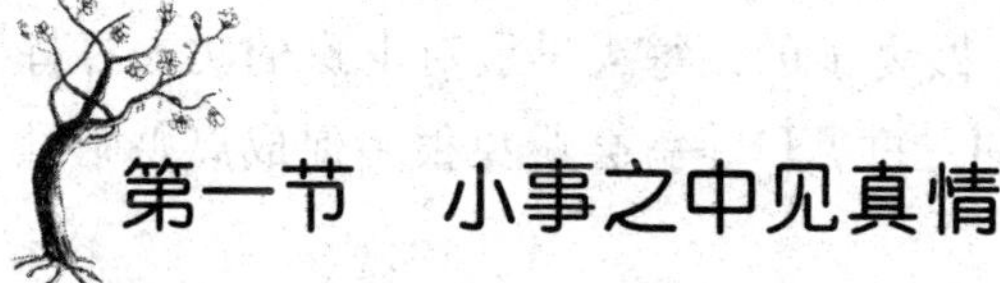

第一节　小事之中见真情

自古以来，鲜花是代表爱情的语言。不需要花多少钱，尤其是在花季的时候，我们在街口、路口，都可以看到卖花的人。可是，有没有一个做丈夫的，经常不忘记带一束鲜花，回家给太太呢？你或许以为它们都贵如兰花，再不就是你把它们看作了瑶池中的仙草，以为不需付出高价买回去给太太。

为什么一定要等到你太太生病住进医院，才捧了一束鲜花去看她？为什么你就不在下午下班回家的时候，给她带回几朵玫瑰花呢？如果你愿意的话，不妨试一试，看看效果如何！

柯恩是一个大忙人，但他每天都照例给他母亲打两次电话，直到她老人家去世。你以为柯恩每次打电话给母亲，是有什么重要新闻要告诉这位老人家？不，不是的。

注意小地方的意思是：对你所敬爱的人，表示你常想念着她，你希望她愉快，而她的欢愉、快乐，也会使你有同样的感受。

女人对生日，或是什么特殊纪念日，都会很重视！那应该是女人心理上一个神秘的谜吧！

一般男人，都把应该记住的日子，忘记得一干二净，可是有几个日子，是千万不能忘记的，就比如妻子的生日或是结婚纪念日等。

芝加哥一位法官叫塞巴司，曾处理过四万多件起因于婚姻争执的案件，同时调解了约两千对夫妇。他曾这样说过："一桩细微的小事，就会成了婚姻不和谐的根源，就拿一桩很简单的事来说，如果一个做妻子的，每天早晨对上班的丈夫挥挥手，说一声'亲爱的，再见！'，就会避免很多促成离婚暗礁的危险。"

勃洛宁和他夫人的生活，恐怕是有史以来最值得歌颂的事了。他们永远注意到对方细微的地方，彼此间关心体谅，使他们的爱情甜蜜永恒。尽管太太体弱多病，勃洛宁还是体贴入微，给她无微不至的关怀。哪怕一个小小的恭维和问候也不曾忘掉。她太太有一次写信给她的姊妹说："我现在开始有些怀疑，我是不是像天使一样快乐。"

生活中，很多女性很注重自己的容貌、穿着，任何衰老的迹象都会让她们在意，甚至因此伤心，她们特别在意自己丈夫对自己的看法，"女为悦己者容"嘛。所以，丈夫应该对此更加注意，关注欣赏和鼓励自己的爱人，这样她们会因此而信心大增，充满活力。一位在我的训练班的女士在讲到她丈夫的时候，得意地说："我老公最会夸我了，无论我穿什么新衣服，他都会赞不绝口，说那件衣服很适合我穿，虽然有时候我觉得他的话有些违心，但是我还是很乐意接受，它让我感到满足和心情舒畅，因此家里所有的家务活儿，我总是很积极地干，生怕对不住他的夸奖，如果他经常说我这儿不好，那儿不对，我才懒得给他洗衣做饭呢。”

许多男士在工作中，总会遇到一些烦心事和挫折苦闷，如果一位善解人意的妻子对他加以关怀和抚慰，这对丈夫无疑是个鼓舞，但是往往会有很多夫妇忽略了，对每天发生的那些琐碎的小事，都太低估了，这样长久下去，会忘了这些事实的存在，那样日子一久，生活也就日趋平淡、毫无生趣了，矛盾也可能由此产生。

伦诺，是美国处理离婚案件最方便和简单的地方。法院每星期开庭六次，平均每 10 分钟判决一桩离婚案件。你以为有多少婚姻，是真正触到离婚的暗礁而成为一幕悲剧的？我敢说，那只是极少数。如果你有这份兴趣，天天坐在伦诺法院里，听那些怨偶们所提出的离婚理由，你就会知道感情的破裂大多源于忽略细微的小事。所以尽早地醒悟吧，注重生活中的小事情，早上出门时别忘了给爱人一声招呼，一个微笑，或是一个拥抱，回家时不管哪位先到，先帮爱人泡杯咖啡或清茶，等到爱人回来了，帮他捶捶背，跟他谈谈心，讲讲笑话，如此等等。长此以往，这种温暖就可以倾注到对方的心底，像一股清泉，清新自然地流入对方的心田。夫妻双方的感情也由此升华，生活温馨而甜蜜。

现在你把这几句话写下，贴在你帽子里，或是镜子上，使你每天可以看到，这几句话是“这条路，我只能经过一次，所以，凡是我能为人做的任何好事，任何一点仁慈，让我现在就做吧！不要迟延，不要忽略，因为我将不会再从这里经过了。”

所以，如果你要保持你家庭美满快乐，就应该随时注意琐碎细微的小地方，于小事之中见真情。

第二节　不要自掘婚姻的坟墓

法国皇帝拿破仑三世，就是拿破仑·庞纳派德的侄儿，他和世界上最美丽的女人依琴尼·迪芭女伯爵坠入情网，接着，他们结婚了。尽管大臣们纷纷指出，迪芭仅是西班牙一个并不重要的伯爵的女儿。可是拿破仑回答说：这又有什么关系呢？

是的，她的优雅、她的青春、她的诱惑、她的美丽，无时无刻不使拿破仑感到幸福。拿破仑在哗然激烈的言论中，向全国宣布说："我已挑选了一位我所敬爱的女人做我的妻子，我了解她，我不想娶一个我素不相识的女人。"

拿破仑和他的夫人具有健康、权力、声望、美貌、爱情，以前美满婚姻所点燃的圣火，从来没有像他们这样光亮，这样炽热。

可是，没过多久，这股炽烈、辉煌的光芒，就渐渐冷却下来，终于成了一堆灰烬。拿破仑可以使迪芭小姐成为皇后，可是他爱情的力量、国王的权威，却无法制止她对他无理的喋喋不休。

迪芭受嫉妒所困扰，遭到疑惧的折磨，使她无视他的命令，甚至不许拿破仑有任何秘密。她闯进拿破仑正在处理国家大事的办公室，她捣毁了拿破仑与大臣们之间正在讨论中的重要会议，她不允许他单独一个人，总怕拿破仑跟其他的女人相好……

她常会去找她姊妹，抱怨她的丈夫，诉苦、哭泣、喋喋不休！她会闯进他的书房，暴跳如雷，恶言谩骂。拿破仑拥有许多富丽的宫室，身为一国的元首，却找不到一间小屋子，能使他安静下来。

依琴尼·迪芭小姐的那些吵闹，所得到的又是些什么？

这里就是答案，我现在从莱茵·哈特名著《拿破仑与依琴尼·迪芭，一幕帝国的悲喜剧》一书上，摘录下来：

“以后，拿破仑经常在晚间，从宫殿一扇小门偷偷地出去；用软帽遮住眼，全副武装，由一个亲信侍从陪他去与正期待着他的一个美丽女人幽会。他们时而在巴黎城内漫游，时而观赏平时国王所不易见到的那些夜生活，那样会令他感到自由快乐，身上没有在宫廷时的重压和吵闹。”

拿破仑后来的表现，就是依琴尼·迪芭小姐所留下的“成绩”。事实上，她高居法国皇后的宝座，她的美丽倾国倾城，可是却不能使爱情在吵闹的气氛下存在。依琴尼曾放声哭诉说：“我所最怕的事，终于降临到我身上。”

降临到她身上？那是她咎由自取，是自找的。这个可怜的女人，完全错在她的嫉妒和喋喋不休的吵闹，她缺乏宽容体谅的贤德。

地狱中的魔鬼所放的种种毁灭爱情的烈火中，吵闹是最可怕的一种，就像被毒蛇咬到一样，无药可救。

俄国大文豪托尔斯泰的夫人，在临死的时候才有这样的发现，只是已经太晚了。临死前，向她女儿忏悔说：“你父亲的去世，是我的过错。”她的女儿们没有回答，而是失声痛哭起来。

她们知道母亲说的是实话，正因为不断地抱怨、长久地批评，父亲才会在这情形下去世。

可是托尔斯泰伯爵和他的夫人，他们处在优越的环境里，照理说应当十分快乐才对。托尔斯泰是历史上最著名的小说家之一，他那两部名著《战争与和平》和《安娜·卡列尼娜》，在文学领域中，永远闪耀着光辉。托尔斯泰倍受人们爱戴，他的赞赏者，甚至于终日追随在他身边，将他所说的每一句话，都快速地记下来。即使他说了这样一句："我想我该去睡了！"那样一句平淡无奇的话，也都给记录下来。现在苏俄政府，把他所有写过的字句，都印成书籍，这样合起来有一百卷。除了美好的声誉外，托尔斯泰和他的夫人有财产、有地位、有孩子。普天下，几乎没有像他们那样美满的姻缘了，他们的结合，似乎是太美满、太热烈了，所以他们跪在地上，祷告上帝，希望能够继续赐给他们这样的快乐。

后来，发生了一桩惊人的事，托尔斯泰渐渐改变了，他变成了另外一个人，他对自己过去的作品，竟感到羞愧。就从那时候开始，他把剩余的生命，贡献于写宣传和平、消灭战争和解除贫困的小册子。

他曾经替自己忏悔，在年轻时候，犯过各种不可想象的罪恶和过错，甚至于谋杀。他要遵从耶稣基督的教训，他把所有的田地给了别人，自己过着贫苦的生活。他去田间工作、砍木、锄草，自己做鞋、自己扫屋，用木碗盛饭，而且尝试尽量去爱他的仇敌。

托尔斯泰的一生该是一幕悲剧，而造成悲剧的原因，是他的婚姻。他妻子喜爱奢侈、虚荣，可是他却轻视、鄙弃；她渴望显赫、名誉和社会上的赞美，可是托尔斯泰对这些却不屑一顾；她希望有金钱和财产，而他却认为财富和私产是一种罪恶。

这样经过了好多年，她吵闹、谩骂、哭叫，因为他坚持放弃他所有作品的出版权，不收任何的稿费和版税。可是，她却希望得到从那方面得来的财富。当他斥责她时，她就会像疯了似的哭闹，倒在地板上打滚，她拿了一瓶鸦片烟膏，要吞服自杀，同时还恫吓丈夫，说要跳井。

在他们的生活中，我认为有一件事是历史上最悲惨的一幕。我已经说过，他们婚姻的开始，是非常美满的，可是经过四十八年后，他已无法忍受再见到自己妻子一眼。

在某一天的晚上，这个年老伤心的妻子，跪在丈夫膝前，央求他朗诵五十年前，他为她所写的最美丽的爱情诗章，当他读到那些美丽、甜蜜的日子，现在已成了逝去的回忆时，他们俩都激动地痛哭起来，生活的现实和逝去的回忆，那是多么的不同啊！

最后，当他 82 岁的时候，托尔斯泰再也忍受不住家庭带给他的折磨和痛苦，就在 1900 年 10 月，一个大雪纷飞的夜晚，他离开他的妻子，夺门而出，逃向酷寒和黑暗。十一天后，托尔斯泰患肺炎，倒在一个车站里，他临死前的请求是，不允许他的妻子来看他。

这是托尔斯泰夫人抱怨、吵闹和歇斯底里谩骂所付出的代价。

也许人们认为，她在若干地方吵闹，也不能算是过分！是的，我们可以承认这样的说法，可是这不是我们所讨论的问题。而最重要的是，那种喋喋不休的吵闹，对她根本没有帮助，反而把事情弄得更糟。

“我想我真是精神失常！”托尔斯泰夫人觉悟到那句话时，已经晚了。

林肯一生中最大的悲剧，也是他的婚姻。请你注意，不是他的被刺，而是他的婚姻。当波司朝他放枪时，他并未感觉到自己受了伤，原因是他几乎每天都生活在痛苦中。

他的法律同仁哈顿，形容林肯在他二十三年来所过的日子，都是处在不幸的婚姻所造成的痛苦中。林肯夫人喋喋不休，困乏了林肯的一生。

她永远抱怨、批评她的丈夫，她认为她丈夫林肯没有一件事是对的。她抱怨丈夫脚步没有一点弹性，动作一点也不斯文，甚至模仿丈夫那副模样来嘲笑丈夫，她喋喋不休地要他改变走路的样子。她不爱看他的两只大耳朵，甚至指责她的丈夫的鼻子也不挺直，又指责他嘴唇如何难看，手脚太大，偏偏脑袋又这么小，她又说她丈夫像个痨病鬼。无休止地且无聊地指责让人觉得既可笑又可恨。

林肯和他的妻子，在各方面都是相反的。在教养方面、环境方面、性情上、志趣上，还包括智能和外貌上。他们时常彼此激怒、敌视。

已故的上议员比弗瑞滋，是研究林肯传记的一位权威人士。他这样写着：林肯夫人那尖锐刺耳的声音，隔着一条街都可以听到。她不断怒吼，凡住在邻近的人们都听得见，她的愤怒，常用言语以外的方法发泄出来，而要形容她那副愤怒的神情，很不容易。

有这样一个例子：林肯夫妇结婚后不久和欧莉夫人住在一起——她是春田镇上一个医生的寡妇，或许为了贴补家里一份收入，不得不让人进来寄住。

有一天早晨，林肯夫妇在吃早餐时，林肯不知什么原因，激起他妻子的暴怒，林肯夫人在盛怒下，端起一杯热咖啡，朝丈夫的脸上泼去——她是当着许多住客面前这样做的。林肯不说一句话，就忍气坐在那里，这时欧莉夫人过来，用一块毛巾，把林肯脸上和衣衫上的咖啡拭去。

林肯夫人的嫉妒，几乎达到极点，她那凶狠、泼辣的表情，只需读几段她当着众人面前所做的可怜丢人的事就可以想象，就是七十五年后的今天读到这些事，也依然还会令人吃惊。她最后精神失常了——如果我们厚道地说她一句，那只能说她一向就有点神经质的。

所有那些吵闹、责骂、喋喋不休，把林肯改变了吗？从某一个方面来讲，是的。那确实改变了林肯对她的态度，那使他后悔这桩不幸的婚姻，而且使他尽量避免跟她见面。

春田镇有十一位律师，他们不能都挤在一个地方糊口谋生。所以他们常骑着马，跟着当时担任法庭职务的台维斯法官，去其他各地。他们在第八司法区各镇的法庭上找了点工作做。律师们都希望周末回春田，回去跟家人欢度周末。可是林肯不回春田，他就怕回家，春季三个月，秋季三个月，他宁愿留在他乡，不愿意走近春田。他每年都是如此，在镇上小旅店里待一个晚上，不是一桩舒服的事！可是林肯愿意单独住在那里，不想回家去听他太太喋喋不休的吵闹。

这就是林肯夫人、依琴尼皇后和托尔斯泰夫人，她们和丈夫争闹后的结局。她们所获得的只是生命过程中一幕幕悲剧。她们把她们的爱情和珍爱的一切，就这样毁灭了。

波士顿邮报上，曾报道出这样一节："许多做妻子的，连续不断，一次又一次在泥地挖掘，而完成了她们一座婚姻的坟墓。"

所以，你要保持你家庭的美满、快乐，切莫喋喋不休，不要自掘婚姻的坟墓。

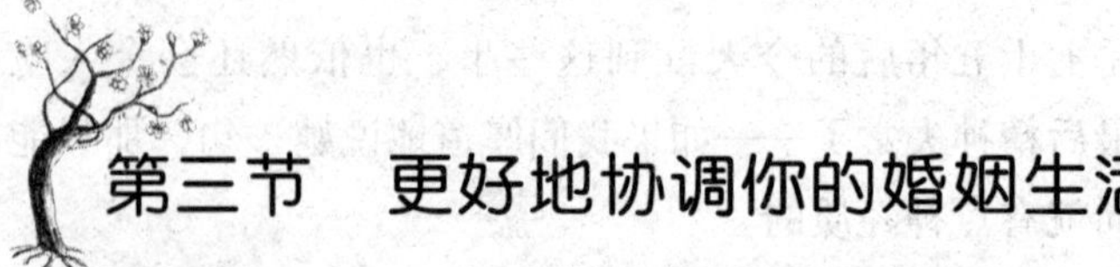

第三节　更好地协调你的婚姻生活

社会卫生机构的总秘书台维斯博士，在一次劝导一千位女士，坦白地回答一些有关她们切身问题时，所获得的结果，着实令人惊诧，几乎是达到了使人难以置信的地步。那就是一般美国成年人的性生活都很不和谐。

当台维斯得到了那份令人吃惊的报告后，郑重地向大众发表了她的观点，她指出美国很多离婚案件最主要的原因，往往是生理上的不和谐所导致的。

汉弥顿博士的研究结果，也证实有这个事实的存在。他花费了将近四年的时间，分别调查了一百个男人和一百个女人结婚后的性生活，并且从中找到了同样令人吃惊的答案。

在汉弥顿提出大约四百个问题中，分别询问了这二百位男女的婚后性生活等诸多问题，同时，也详细讨论他们所提出的各项问题。尽管这项研究花费了四年的时间，但这个工作在社会学领域是相当被认可的，而且引起各慈善家的注意，他们纷纷解囊，资助这项研究进一步施行。

你若是想要知道这项实验的结果，你不妨看看汉弥顿和麦克哥的文章，他们所著的《婚姻的症结是什么》一书。

婚姻的症结究竟是什么呢？汉弥顿博士说：“大多数婚后的不和，并非由于性的配合错误，那只是武断、没有经验的精神病理学家的看法。也就是说，倘若夫妇之间性生活十分和谐，那么即便有其他许多小的冲突，也可能会很自然地化解的。”

作为洛杉矶家庭关系研究所主任的鲍宾诺博士，曾研究过数千人的家庭婚姻情况，因而他也是一位美国探讨家庭生活的权威者。依鲍宾诺博士的观点，婚姻的失败，通常由于四种原因而引起的。他把这四种情形列举出来：

1. 性生活的不协调。

2. 关于娱乐休闲意见的不同。

3. 经济压力大。

4. 身心和情绪的不稳定和异常的现象。

以上四点，是依照其重要性，而先后分别举出的，使人感到奇怪的是，性生活的不愉快居然占到了主要地位，而我们通常所认为的经济困难只排在了第三位，这不得不使我们反思一下我们在生活中所忽略的性生活问题了。

著名的心理学家威森说：“性，是我们大家众所周知的，在生活中一个最重要的问题，夫妻间幸福破裂的事情发生，大多数也是由与性不和谐的问题上而起的。”

在我的讲习班中，也有许多医生在演讲中谈到过类似的问题。仔细想想，在当今各项学科都突飞猛进的20世纪，仍会有因忽略了自然的性本能，而使人们幸福的婚姻破裂的事情发生，岂不可怜！

白特菲尔德牧师，在做了十八年的传教工作后，突然决定放弃自己的工作，而投身于美国家庭指导服务的工作中来，后来他和普通年轻人一样，结了婚。他曾这样说：“早年我做牧师的时候，已经积累了许多经验，那些来教堂结婚的男女们，虽然有忠贞不渝的爱情誓言，并且一心想要结婚，但是他们在对许多结婚方面该知道的知识上，却是一点也不知道。”

他又说：“我们把婚姻中可以调和的问题，全权交付给机会这两个字。结果，离婚的比例，竟达到百分之十六这样一个惊人的数目。这样的结合，不是真正的结婚，那只是尚未离婚而已，他们只是在逃避，只是让自己受罪而已。真正幸福的婚姻，并不将自己的幸福全听凭于命运，他们会替自己细心谨慎地选择，计划自己的婚后生活，这就像一位建造房子的建筑师一样。”

许多年来，为了协助这项计划的进行，白特菲尔德一直坚持他自己的做事方针，那就是请他证婚的那些恋人们，必须细致地跟他讨论他们婚后未来的计划。这样，他就得到了一个结论，那就是急于结合的男女，都是“婚姻的文盲”。

白特菲尔德博士说：“性，那只是婚后生活中一项令夫妻双方满足、愉快的事。可是，必需要把这件事调和得很适宜，不然，其他什么事都不用谈了。”

可是，又如何使它看起来更和谐呢?

我们还是用了白特菲尔德的话来解释：“感情的缄默，必须带以客观的讨论能力和结婚生活的超然态度。要获得这种能力，最有效的办法就是根据一部学习性强、旨趣高尚的书来调和。”我身边也常备有这样的几本书，在我所看过的这类书中，有三部我认为很值得一般人所阅读，那是哈顿所著的《结婚性技术》，爱克纳的《结婚性生活》，和拉德的《结婚的性因素》三部书。

我们从书本上去学得这类知识，为什么不可以呢？所以，如果要使你家庭更幸福、美满，阅读一本有关婚姻中性生活方面的好书是值得的。

数年前，哥伦比亚大学和美国社会卫生协会联合聘请知名的学者，来讨论普通人的性生活和婚姻的问题。在那次研究会中，鲍宾诺博士说：“离婚的比例数在逐渐减少，减少的原因，那是因为一般人现在阅读了许多有关性生活和婚姻方面的良好书籍。”这使我深深地感觉到，在谈“如何使你家庭更幸福、美满”这一篇里，我必须介绍几部有价值的、良好的有关性方面的书，那才能使这一篇会更为完美。对求取性生活知识的态度，那是要严肃的，就像我们阅读一部世界文学名著一样。你有这种态度，怀有这样的心情，才会有你应有的收获。

因此，作为夫妻间甜蜜因素的性生活，对家庭生活的幸福是相当重要的，所以，不要让我们再做婚姻的文盲，多了解一下性方面的知识是很必要的。

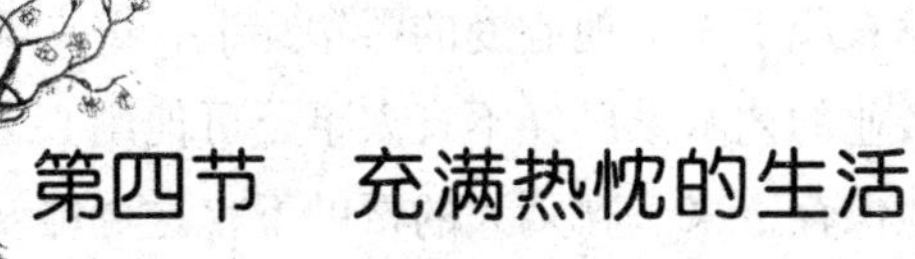

第四节　充满热忱的生活

热忱是一种意识状态，它能够鼓舞和激励一个人对自己的工作采取有效行动，并具有很强的感染力。热情是行动的主要推动力，人类最伟大的领袖就是那些知道如何鼓励他们的拥护者发挥最大热情的人，当然热忱也同样适用于推销。可以说热忱是人类一种重要的力量。

爱默生曾经说过：“有史以来，没有任何一件伟大的事不是因为热忱而成功的。”

热忱和积极的心态是你获得成功的过程之间的联系，就像汽油和汽车引擎之间的关系一样，热忱是行动的动力。你可以运用积极的心态来控制你的热忱，以便使它能不断浸入你心灵引擎的汽缸中，并在汽缸内被明确目标发出的火花引燃，从而推动信心和个人进取的活塞。

热忱是你性格的原动力，如果你不具备热情的性格，即便你各方面能力很强，也没有用。每个人都有一种超越自己的潜在能力。倘若你有很多的知识，有敏锐的判断力，甚至有优秀的理论思考能力，但在你来让它们发挥之前，没有热忱，你将无法感受到它们神奇的力量。真正的热忱是可以创造奇迹的。

在巴黎的一家艺术博物馆中，陈列着一尊美丽的人像雕塑，它的创作者是一位不知名的贫困的艺术家。他每天都到一间小阁楼上去进行创作，在雕塑快要完成的时候，城里的气温骤降，几乎降到了零度以下。如果黏土模型缝隙中的水分凝固结冰的话，整个雕塑的线条就会扭曲变形。于是，这位艺术家就把自己身上穿的睡衣脱下来给他心爱的雕塑穿上，第二天清晨，人们发现这位敬业的艺术家已经不省人事，可他用心创作的雕塑却完好无损地保存下来。在别人的帮助下，这尊雕塑最后被制成了大理石作品，成为我们永久欣赏的珍贵艺术品。

法国英雄圣女贞德凭着一柄圣剑与满腔的爱国热忱，为法国部队注入了一股顽强拼搏的斗志。正是她的热情，招降了前进道路上的一切阻碍。

英勇的阿拉伯人穆罕默德，带着他的阿拉伯勇士们，在短短的几年中，打开了有无限辽阔疆土的帝国。尽管一开始他们没有先进的武器，但是，他们每个人却都怀着热忱的心态及崇高的理想，凭着这股无比的热忱，他们不比敌人的士气弱。他们在战场上驰骋杀敌。终于战胜了罗马人的军队。

热忱的确可以创造奇迹，缺乏这种热忱，艺术品将无法流传后世，军队也无法克敌。

热忱是一种巨大的力量，它会和信念一起将失败挫折打败。拥有热情会让你的工作没那么辛苦，会让你有更吸引人的个性，增强你的进取心。

拿破仑·希尔就是被他继母的热忱所激励而走向成功之路的。

在他还是孩子的时候，父亲就给他找了个继母。他的继母出身较好，而他家却很贫困。他的父亲向他介绍完继母的情况后，告诉他要尊重她。而希尔却在心里一点也不服气。第二天，他的继母亲切地走到他的面前，托起他的小脑袋，和蔼地说："你一定是最聪明、最有勇气的小男孩。"

希尔内心的反感顿时烟消云散，冲着这句充满信任的话，他与继母友好相处。在此之前，没有人像她那样热情地称赞希尔，而他的继母凭着这一句充满热情的话语，成就了一个伟大励志学家的诞生。这使我们看到了成功学的经典著作。

她不仅改变了小希尔，还凭着她做事热忱的态度，使家庭有了巨大的变化。她鼓励希尔的父亲去念牙科医院，最终促成了一位小镇上著名牙医的诞生。希尔 14 岁时，她买了部打字机送给希尔，让他努力实现自己的梦想。希尔被继母的热忱深深打动了。他对她总是充满敬佩之情。在希尔还在为能否成为一位作家而苦恼时，又是她的继母鼓励支持他为一家报社投稿，让他抓住机会，直到希尔最终获得了成功。

热忱的力量真的是无限大，当这股力量被释放来支持所拟订的目标时，再通过自身的能力，就会形成一股不可阻挡的前进的动力，并且可以克服任何艰难困苦。

在我的办公桌上方，挂着这样一块牌子，上面这样写着：

你的年轻会与你的信仰程度成正比。

你的年轻会与你的自信程度成反比。

你的年龄会与你的恐惧多少成正比。

你的年老会与你的希望程度成正比。

你的年老将与你的绝望程度成反比。

年龄虽然会让你的皮肤爬满皱纹，但若没有热忱，则会使你的灵魂增加皱纹。

这是对热忱最好的赞美。热忱是人类意识的主流，它能够促使一个人将所写的东西付诸真实的行动。拥有热忱的态度是做任何事情的关键，在这一点上，我们任何人都要充分的具备这种条件，只有这样，事业和生活才能不断进步。

没有热忱，就好像钟表没有上发条一样缺乏动力。热忱的力量大而无比。当这股力量被释放出来支持明确的目标时，更会形成一股巨大的力量，克服你遇到的一切艰难困苦。

真正的热情源自于你的心情，发掘你内心中真实的热忱是一种积极心态的象征。展现与分享热忱吧，当你用心去完成某项工作时，说明你已经开始有热忱地创造你的成功意识了。

记住，在这个社会中，你付出的热情越多，你所得到的东西就越多。

第五节　原谅你的仇人

曾经有这样一句话出现在纽约警察局的布告栏上："如果有个自私自利的人占了你的便宜，就把他从你的朋友名单中除去，但是千万别想着去报复他。一旦你心存报复，那么，对自己的伤害绝对比别人要大得多。"

报复怎么会伤害自己呢?《生活》杂志记载报复可能会毁了你的健康。它是这样说的："高血压者最明显的特征就是仇恨，长期的愤恨造成慢性高血压，从而引起心脏疾病。"

的确如此，仇恨会控制我们的胃口、睡眠、血压、心情，甚至是健康。怨恨的心理，会毁了我们对食物的享受。圣经上说："怀着爱心吃菜，也会比怀着怨恨吃牛肉好得多。"

当耶稣说"爱你的仇人"的时候，他也是在告诉我们：怎么样改进我们的外表。有这样一些女人，她们的脸因为怨恨而有皱纹，因为悔恨而变了形，表情僵硬。不管怎样美容，都比不上用她们的宽容、温柔和爱将她们容貌的改进。要是我们的仇家知道我们对他的怨恨使我们精疲力竭，使我们疲倦而紧张不安，使我们的外表受到伤害，使我们得心脏病，甚至可能使我们短命的时候，他们不是会拍手称庆吗？即使我们不能爱我们的仇人，至少我们要爱我们自己；我们要使仇人不能控制我们的快乐、我们的健康和我们的外表。就如莎士比亚所说的："不要因为你的敌人而燃起一把怒火，热得烧伤你自己。"

乔治·罗纳在维也纳当了很多年律师，但是在第二次世界大战期间，他逃到瑞典，一文不名，很需要找份工作。因为他能说并能写好几国语言，所以希望能够在一家进出口公司找到一份秘书的工作。绝大多数的公司都回信告诉他，因为正在打仗，他们不需要用这一类的人，不过他们会把他的名字存在档案里之类的话。有一个人给乔治·罗纳的信是这么说的："你对我的生意的了解是完全错误的，我根本不需要任何替我写信的秘书。即使我需要，也不会请你，因为你甚至连瑞典文也写不好，信里全是错字。"当看到这封信的时候，乔治·罗纳简直气得发疯。于是乔治·罗纳也写了一封信，想气那个人一番，但接着他就停下来对自己说："等一等，我怎么知道这个人说的是不是对的？我修过瑞典文，可是并不是我家乡的语言，也许我确实犯了很多我并不知道的错误。如果是这样的话，那么我想得到一份工作，就必须再努力学习。这个人可能帮了我一个大忙，虽然他本意并非如此，他用这种难听的话来表达他的意见，并不表示我就不亏欠他，所以应该写封信给他，在信上感谢他一番。”于是乔治·罗纳撕掉了他已经写好的那封骂人的信，另外写了一封信，说：“你这样不嫌麻烦地写信给我，实在是太好了，尤其是你并不需要一个替你写信的秘书。对于我把贵公司的业务弄错的事，我觉得非常抱歉，我之所以写信给你，是因为我向别人打听，而别人把你介绍给我，说你是这一行的领导人物。我并不知道我的信上有很多语法上的错误，我觉得很惭愧，也很难过。我现在打算更努力地学习瑞典文，来改正我的错误，谢谢你帮助我走上改进之路。”不到几天，乔治·罗纳就收到那个人的信，是邀请罗纳去他那里。罗纳去了，而且得到一份工作。乔治·罗纳由此发现温和的回答能消除怒气。

我们也许不能像圣人般去爱我们的仇人，可是为了我们自己的健康和快乐，我们至少要原谅他们，忘记他们的错误，这样做实在是很明智的事。这也是前纽约州长威廉·盖诺所认定的政策。他被一份内幕小报攻击得体无完肤之后，又被一个疯子打了一枪几乎送命。当他躺在医院为生命挣扎的时候，他说：“每天晚上我都原谅每一件事情和每一个人。”这样做是不是太理想主义了呢？是不是太轻松、太好了呢？如果是的话，就让我们来看看那位伟大的德国哲学家，也就是《悲观论》的作者叔本华的理论。他认为生命就是一种毫无价值而又痛苦的冒险，当他走过的时候，好像全身都散发着痛苦，可是在他绝望的时候，如果可能的话，不应该对任何人有怨恨的心理。有一个能原谅他人对我们伤害有效方法，就是让自己去做一些绝对超出我们能力以外的大事，这样我们所碰到的侮辱和敌意就无关紧要了。因为这样，我们就不会有精神去计较理想之外的事了。

举个例子来说，1918 年，密西西比州松树林里发生了一场极富戏剧性的事情，差点引发了一次火刑。一个黑人讲师劳伦斯·琼斯，险些被烧死。卡耐基曾经去看过劳伦斯·琼斯创建的一所学校，还对全体学生做了一次演说，那所学校今天可算是全国皆知了，可是下面要说的这件事情却发生在很早以前。

在第一次世界大战期间，一般人的感情是很容易冲动的，密西西比州中部流传着一种谣言，说德国人正在唆使黑人起来叛变。那个要被他们烧死的劳伦斯·琼斯就是黑人，有人控告他激起了族人的叛变。一大群白人在教堂的外面听见劳伦斯·琼斯对他的听众大声地叫着："生命，就是一场战斗！每一个黑人都要穿上他的盔甲，以战斗来求生存和成功。"这些年轻人趁夜冲出去，纠集了一大伙暴徒，回到教堂里来，拿一条绳子捆住了这个传教士，把他拖到一里以外，让他站在一大堆干柴上面，并点燃了火柴，准备烧了他，并把他吊死。这时候，有一个人叫起来："烧死他以前，我们让这个喜欢多嘴的人说话，说话啊！"劳伦斯·琼斯站在柴堆上，脖子上套着绳圈，为他的生命和理想发表了一篇演说。

他在 1907 年毕业于爱荷华大学，他那纯良的性格和深厚的学问，以及他在音乐方面的才能，使得所有的教师和学生都很喜欢他。毕业以后，他拒绝了一个旅馆留给他的职位，也拒绝了一个有钱人愿意资助他继续学音乐的计划，因为他怀有崇高的理想。当他阅读布克尔·华盛顿传记的时候，就决心献身于教育工作，去教育他那一族里贫穷而没有受过教育的人，所以他回到南方最贫瘠的地方——就是密西西比州杰克镇以南二十五里的小地方，他把自己的手表当了 1.65 美金后，就在树林里用树桩当桌子，开始了他的露天学校。劳伦斯·琼斯告诉那些愤怒的、等着要烧他的人，他所做过的各种奋斗——教育那些没有上过学的男孩儿和女孩儿，教导他们如何做好农夫、机匠、厨子、家庭主妇。他谈到一些白人曾经协助他建立这所学校——那些白人送给他土地、木材、猪、牛和钱，帮助他继续他的教育工作。

后来有人问劳伦斯·琼斯，问他会不会恨那些把他拖出来准备吊死和烧死他的人？他回答说，他忙着实现他的理想，没有时间去恨别人，他在专心地做一些超过他能力以外的大事，没有时间去跟人家吵架。他说，“我没有时间可以后悔，也没有哪一个人能强迫我去恨他。”当时劳伦斯·琼斯的态度非常诚恳，也令人感动。他丝毫不为自己哀求，只希望别人了解他的理想。那一群暴民开始软化了，最后，人群中有一个曾经参加过南北战争的老兵说：“我相信这孩子说的是真话，我认得那些他提起的白人，他是在做一件好事，我们弄错了，我们应该帮助他而不该吊死他。”那位老兵拿下他的帽子，在人群里传来传去，从那些预备把这位教育家烧死的人群里，募集到五十二块四毛钱，交给了琼斯——这个曾经说过“我没有时间去跟人家吵架，我没有时间可以后悔，也没有哪一个人能强迫我去恨他”的人。

我们在赫顿的《林肯传》中可以知道林肯是从不依照自己的好恶去评判人的，他总认为他的对手也像别人一样精明能干，就算有人得罪过他，或是对他出言不逊，但是只要是最合适的人，林肯就会让他担任这一职位，而且从不犹豫，他从不因为个人或是他的政敌而去撤换一个人。林肯委任高职位给曾经侮辱过他的人：迈克兰、斯瓦德、史丹顿以及蔡斯。按照赫顿的说法，林肯相信没有人是因为他的所作所为而受到特殊的赞扬或指责，因为我们每一个人都受到教育程度和环境的影响，我们所形成的习惯与特征造就了我们的现在和未来。

可能林肯是对的。如果我们跟我们的仇人有着一样的生理、心理及情绪，如果我们所走的是同样的路，也许我们也会做出跟他们同样的事情，所以就让我们用印第安人的祈祷词来督促自己："伟大的神灵！在我穿上别人的鹿皮靴走上两周以前，请帮助我不要去评判他人。"所以不要去恨我们的仇人，学着去怜悯他们，并且感谢上苍没有让我们和他们有同样的经历，与其去敌视诅咒他们，还不如去同情宽容他们，并且为他们祈祷。

在我成长的每一个晚上，我都会听到父亲在念《圣经》，而此时此刻，我仿佛又听到了他念耶稣的那段话："爱你的敌人，祝福那些伤害过你的人，善待仇恨你的人，并为迫害你的人祈祷。"我的父亲一生都在说这段话，而这段话也将让他内心平安快乐，那是很多有权势的人无缘享受到的，所以你想让自己安心，就不要去恨你的仇人。

后　记

如何从这本书里获得最大效益

1. 如果你要从这本书里，获得到最大的益处，有一个必须具备的条件，一个比任何定例或技术都重要的基本条件，你必须有这种基本的条件。不然，你无论如何研究，也不会有多少用处。如果有这种天赋的才智，你可以不用去看那些从书中受益最多的建议，就能获得到奇迹。

这种奇妙的条件是什么？那是一种深入的、前驱的学习欲望，一个增加你应付他人能力的强烈决心。

你如何触发这样一个冲动呢？经常提醒你自己，让自己知道这些原则对你是何等的重要。替你自己做这样的想象，如果将这些原则运用自如，将使你接触到多彩多姿的环境，在经济酬劳上，又如何能有更多的帮助。你要一次又一次地跟自己说："我所以受人欢迎，我所获得的快乐，和我酬劳收入的增加，那是由于我知道了应付他人的技巧。"

2. 把每一章迅速地阅读过，得到一个概念，你或许想接着就看下一章，可是，我希望你别这样。除非你仅是为了消磨时间而阅览的。如果你是为了增加你在人与人之间的关系中的技巧而阅读，那么你把这一章详细研读，这才是省时间和最有效果的办法。

3. 当你阅读的时候，不妨稍微停一下，思索你读到的是些什么？你这样问自己：在何时何地，你如何运用书中的每一项建议。

4. 阅读这本书时，手里拿一只红墨水钢笔，或是红色圆珠笔，遇到一项你认为能运用的建议时，就在这列字旁边划出一条线。如果看到一项极好的建议，那么就在那些句子旁边，划出一列“XXXXX”的符号。在这本书上，有这样的划线和符号后，不但能使你有更多的趣味，也可迅速有效地温习，同时使你感受到更大的益处。

5. 我认识一个人，他在一家极具规模的保险公司担任经理职务已有十五年的历史。他每月每年，都观阅同样的保险单。他这么做是为了什么？因为经验告诉了他，那是使他记忆保险单上条款的唯一办法。

有一次，我几乎花费了两年的时间，写一部演讲术的书稿。我发觉我必须反复地重读，才能把书稿内容很清楚地记下来。

所以，你如果要从这本书里获得真实持久的益处，不能草率地看过一遍就认为够了。你把这本书详细阅读过后，每月应该抽出若干的时间加以温习，同时要放在你书桌上，不时地翻看。别忘记，只有恒久的、深切地温习，才能使这些原则的运用成为习惯。

6. 萧伯纳曾这样说过：“如果你教一个人某件事，他永远不会去学习。”萧氏所讲是对的，学习是一种自动的过程。

所以，你如果想把这本书中所研究的原则运用自如，那就应在遇到合适的机会时，就运用这些原则。如果你不这样做，很快就会把书上所看的内容忘干净，原因是亲自运用过的学识，才会深深地留在脑海。

你或许会感觉到，随时随地找出这些原则加以实施，是一桩困难的事。是的，我也有这样的感觉，因为我写这本书的时候，要实施我所建议的主张，尚觉困难。

我可以找出这样一个例子。当人们使你不愉快时，批评、斥责要比了解对方的观点容易得多。也就是说，找出别人的错处，要比找出对方值得称颂的事容易多了。谈论你自己所需要的，比谈论对方所需要的，也显得自然得多。所以你读这本书的时候，有一点你别忘了，你不只是要获得书中的知识，同时要养成你新的习惯。你是在尝试一项新的生活方式，那是需要时间，持久力，和每天实施的习惯。

所以你要常阅读这本书，把这本书看作如何沟通人与人之间关系的活用手册。无论什么时候，在你遇到一桩特殊的问题时——诸如如何管理小孩子，如何使妻子顺从你的意思，如何满足一个气愤的顾客，这都是些常会遇到的事，当你翻开这本书，试着去做其中的某项提议，说不定就会有奇迹般的发现。

7. 这或许是个新奇而突出的尝试，当你的妻子儿女，或是同事，找出你违反某一项原则时，你不妨付出一角，或是一元给他们，作为对自己处罚的罚款。

8. 华尔街一家极具声誉的银行里面有一位经理，有一次在我讲习班的演讲中，说出他如何做到改进自己的一项极有效的办法。这位银行经理，只受过很短的正式学校教育，可是现在他是美国极受重视的一位理财家。

他认为他今天的成就，得力于他自己所构思出来的方法，下面就是他的做法。我现在说出这位经理当时所讲的情形：

这些年来，我有一本约会的记录簿，记上所有约会的时间。我家里向来不替我在星期六订约会，原因是他们知道我要利用星期六晚上的若干时间，做自我检讨、启发反省的工作。那天晚饭后，我自己独处一间房里，翻看我的约会记录簿，回忆这一个星期来，所经过的会谈讨论和各项集会，我问自己：

“那回，我做错了些什么？”

“如何做才是对的？我如何做才能改进自己？”

“从那次经验中，我得到了些什么教训？”

我发觉每周这样反省，会使自己感到很不愉快，可是我经常对我自己的错误感到惊讶。这样过了数年后，这些错误渐渐减少，终于不再发生了。现在，经过这样的自我反省后，有时便自己有了安慰，这种自我分析、自我教育的方法年年持续，对于我来讲，比我所尝试的其他任何方法，都更为有益。这种方法，已帮助我改进了我决断的能力，使我跟人们接触时，获得极大的益处。

为什么不用跟这位银行经理类似的方法，检讨你对这本书里的原则的实行程度？如果你这样做，会获得两种结果：

第一、你会发觉自己在从事一项有趣而又宝贵的教育课程。

第二、你会发现你应付人的能力，在逐渐伸展和成长。

9. 不妨再加上一本记事簿，把你实施这些原则后的效果，记入这本记事簿中，要写得很清楚，把日期、效果和对方的姓名记下来。使用这样一本记事簿，可以激励你更加努力。这些记录，真的是一项有趣又有意义的工作。